I0758736

Victoria Sosa

# Siempre Felices

# CONTENIDO

# VICTORIA SOSA

# DEDICATORIA

*Para las parejas de todo el mundo; que están iniciando con el propósito de construir una vida para ser "siempre felices". Son ustedes los únicos responsables en construir, con planes acertados y decisiones responsables, la familia que quieren tener.*

# AGRADECIMIENTOS

Quiero agradecer a todas las personas que de alguna manera han hecho parte de mi vida, y mis aprendizajes. Este libro se basa en vivencias, sin esas personas escribirlo, hubiera sido imposible.

Un agradecimiento especial a Dios, y mis padres Oliva & Arturo por tanto amor.

# INTRODUCCIÓN

*El matrimonio es el vínculo que se crea en una pareja que comparten el mismo sentimiento; se respetan, valoran, y entregan lo mejor de sí mismos, en función del bienestar y equilibrio de la relación.*

*Para lograrlo se requiere de preparación además de buenas decisiones desde el inicio.*

---

Tuve una paciente llamada Anna Miller; una mujer de una sólida preparación académica, segura, e inteligente; estudió medicina. Luego ingresó a otra distinguida universidad a realizar un doctorado.

Generamos una empatía rápida; y después de varias citas me permitió conocer la historia de su vida; estaba llena de amor, tristeza, fracaso y superación a la vez. Lo más fascinante, era como ella había extractado los aprendizajes de su vida, de una forma tan clara; que plantearlos en esta historia adicionándole un toque de imaginación fue fácil.

Se casó muy joven; inició su matrimonio sin ninguna preparación; solo con la motivación del amor que

sentía por Carlos, y con la gran ilusión de iniciar una vida en pareja, para ser siempre felices. Pero eso; no fue suficiente.

Tomar la decisión de iniciar una vida de pareja; va más allá de la ilusión, y del sueño de compartir al lado de quien se ama. Requiere de preparación, además de una buena planeación para la futura empresa que queremos construir.  El matrimonio debería ser visto como una empresa, y nadie debería empezar a construirla sin los planos y la arquitectura necesaria para que funcione bien.

Planear un matrimonio va más allá de los preparativos de la boda, el vestido, la fiesta, la luna de miel; estos detalles son importantes; pero no los más importantes.

Cuando se casaron, ninguno de los dos estaba preparado para vivir juntos. Sin embargo; se aventuraron en esa mágica ilusión de compartir su vida, sin más capital que el amor, la juventud y el deseo de ser siempre felices.

"Ese era su único plan".

Tenían carreras profesionales iniciadas, pero no terminadas. Enfrentaban limitaciones económicas; sin ingresos fijos, ninguna provisión de muebles; ni todas esas cosas materiales que se necesitan en una casa, para hacer de ella un hogar. Solo tenían mucho amor, además del sueño de compartir una vida juntos para siempre. Para ellos eso era suficiente, para sentirse ganadores.

Sus padres se oponían a que se casaran, hoy ella entiende el por qué. Ellos veían la inmadurez que la pareja tenían para empezar un hogar.

No obstante, cuando se es joven no existen razones ni palabras. Los consejos de los padres se convierten en críticas y falta de comprensión cuando se está enamorado.

Si Anna no hubiera tenido la experiencia de un divorcio, no habría sido consciente con cuanta inmadurez y falta de preparación, había iniciado esa etapa tan importante de su vida. El vivirlo le dio la oportunidad de entender por qué un gran número de matrimonios fracasan. Algunos desde los primeros meses de casados, otros como el de ella, después de muchos años de matrimonio, y de largas luchas por sostenerlo.

Planes adecuados desde el inicio, metas claras, y un plan de vida enfocados en mejores decisiones; pueden hacer más predecible la excelencia de la relación; permitiendo que el proceso de crecimiento en pareja sea más fácil. El arte de convivir; requiere vivir relaciones conscientes, no dejándolas en piloto automático, solo confiadas a la magia del enamoramiento con el que se inician en la mayoría de los casos.

Para muchas parejas el matrimonio se convierte en una continua carrera por la supervivencia del día a día; entonces cuando los hijos llegan, las cosas se pueden complicar más; si no están preparados para enfrentar este nuevo reto.

Caemos de cabeza en el hoyo de las obligaciones, las deudas, los deberes y se nos olvida por completo la ilusión que nos unió "ser siempre felices".

Es por esto que para muchas parejas la convivencia solo se convierte en un duro aterrizaje a la realidad, llevándola a la frustración.

Después del fracaso de su matrimonio; ella pasó muchas horas buscando culpables, otras culpándolo a él, y muchas más culpándose a sí misma; preguntándose ¿por qué les pasó? Vivieron muchos años siendo felices o al menos intentando serlo, pero no se dieron cuenta, como el amor que un día los unió se volvió rutina, se fue muriendo. Sus vidas se llenaron de silencios, obligaciones y rutina hasta que se derrumbó.

Habría sido mucho más sencillo para ella decir: «Ajá mi padre tenía razón; no debí haberme casado con él»; pero muy seguramente, este hubiese sido el mismo resultado; si el inicio tenía los mismos ingredientes, pero con otra persona. No importa quién sea el personaje de la historia, lo que más influye, es la forma como iniciamos. Las bases son las más importantes.

Por desgracia, los temas financieros y como ser pareja no se aprende en la escuela. El sistema educativo se enfoca en habilidades académicas y profesionales; no económicas ni de vida. Aprendemos del ejemplo en casa, así como del vivir con aciertos y errores.

¿Entonces, por qué esperar a estar mal, si podemos hacer las cosas bien desde el comienzo; apostando a tener una mayor probabilidad de excelencia en nuestro matrimonio? Al fin y al cabo; cuando decidimos casarnos es porque queremos vivir "Siempre Felices"

# CAPÍTULO UNO
## LECCIÓN 1

### De amor no se vive

--------------------------------------------------------------

*El amor es el sentimiento capaz de hinchar el pecho; haciéndonos sentir muy poderosos, y volar tan alto que no importa la realidad.*

*Cuando nos enamoramos; el entusiasmo y la ilusión nos desborda; haciendo que muchas veces omitimos la importancia de conocer al otro.*

Anna vivió gran parte de su niñez y adolescencia en un pequeño pueblo, incrustado en medio de montañas, con temperaturas un poco frías, y algo de bruma en el ambiente en los días más fríos del año; proveniente de los cerros que lo arropan.

Era conocido como la ciudad mitrada de Colombia. Contaba con una universidad pública, pero no ofrecía la carrera profesional que ella había elegido; entonces fue a vivir a la capital; una ciudad más grande a 10 horas del pequeño pueblo.

Sería la primera vez que viviría lejos de sus padres, en una ciudad mucho más grande, que donde vivió desde su infancia.

El miedo y la ansiedad, no la dejaban conciliar el sueño la noche antes del viaje. Su mente divagaba por la incertidumbre de la ciudad que no conocía, además de las nuevas experiencias que llegarían a su vida.

La luz del sol naciente que apenas se dejaba ver, haciéndose campo entre las altas montañas anunciaba la proximidad del viaje.

Era dejar todo lo que conocía: el pueblo en el que había crecido, la casa de sus padres, su habitación, los amigos de la infancia. Significaba madurar rápido, porque empezaría a vivir sola, serían nuevos retos, y muchas cosas que aprender.

Ese día; entre las tibias cobijas de su cama, a pesar del frío que caracterizaba los amaneceres allí; deslizaba sus piernas al mismo tiempo que las rozaba entre sí, ansiosa, con miedo. Quería aferrarse a los últimos momentos en su habitación; en su casa. Por un instante pensó que todo era un sueño; que no se tenía que marchar. De repente la voz de su padre que se aproxima a la habitación la lleva de regreso a la realidad de la que por instantes había querido escapar.

—Anna, hija, levántate; debemos irnos.

Al tiempo en que toca a la puerta y entra en la habitación.

—No te has levantado aún, ya es tarde.

Camina junto a su cama, se sienta en el borde derecho, con y con voz comprensiva le pregunta:

—¿Qué te pasa hija?

—No sé papi, pero tengo miedo.

Una leve sonrisa se dibuja en el rostro de su progenitor en señal de comprensión, y la abraza con ternura.

—Lo sé, Yo también tengo miedo. Pero sé, que vas a estar bien.

—Nos veremos en las vacaciones y te llamaremos todos los días.

Con voz algo temblorosa al tiempo que se levanta de la cama de su hija.

—Vamos, tienes que estar lista.

Ese abrazo de papá le permitió sentirse un poco más segura, así que se levantó para poder estar lista.

Aunque era muy temprano la madre se había levantado a preparar el desayuno de su hija.

—Hija tu desayuno está listo, puedes pasar ya

—Siéntate. Te preparé tu desayuno favorito.

Servido en la mesa la esperaba; un plato mediano de deliciosas frutas frescas cortadas en pequeños trozos, adornado con una gran fresa roja justo en el centro de la hermosa montaña de colores que hacían aquellas frutas en un plato blanco; una taza de café caliente hecho con amor; como solo ella lo sabía preparar, además de los huevos revueltos con tomate y cebolla acompañado de dos tajadas de pan fresco.

De nuevo la nostalgia la invade; sus ojos parecen ahogarse en lágrimas. Su progenitora era además su mejor amiga, su confidente, pero ahora se tenían que separar. La madre percibió la tristeza en el rostro de su hija. Se acerca y la abraza.

—No quiero lágrimas, solo piensa que vas a estar bien.

—Vas en busca de lo que quieres ser.

—Nosotros vamos a estar siempre para ti; pero tus sueños los debes ir a buscar.

Se abrazaron sin pronunciar una sola palabra; una vez más un abrazo la reconfortó.

Siempre he pensado que los abrazos tienen una magia especial, son sanadores, reconfortan, consuelan, muestran amor, y disipan el dolor del alma sin necesidad de palabras.

El padre la acompañó en el inicio de su travesía. En el automóvil; sentado junto a ella, en un viaje que era distinto a los que habían realizado juntos. No hubo muchas palabras. Anna podía ver que su padre, al igual que ella, se encontraba divagando sobre el futuro; y los nuevos cambios que la vida traía para todos desde ese momento.

Los hijos crecen y deben aprender a volar solos, aunque queramos mantenerlos bajo nuestro cuidado, tal como una gallina cubre los pollitos bajo sus alas para proteger sus crías.

La ansiedad, y el miedo por lo desconocido estuvieron presentes durante todo el viaje para los dos.

Su padre solía decir: «Si quieres algo, tienes que prepararte para lograrlo». Ella quería ser médico, entonces ese sería el inicio de su preparación para lograrlo.

En aquella ciudad, su vida se empezó a desarrollar entre clases, tareas, además de adaptarse a todas las cosas nuevas que traía una ciudad más grande. Más inseguridad, buses de transporte público que en el pueblo no eran necesarios, y nuevos amigos.

Todo era nuevo, pero tenía un toque divertido; aunque los primeros seis meses fueron los más duros para adaptarse al nuevo lugar, y a su nueva vida.

La siguiente semana, caminó por el vecindario para conocerlo; observó con detalle todo el lugar; quería familiarizarse con el nuevo entorno.

Conforme pasaron los meses, sentía que se adaptaba más; ya no tenía el miedo de los primeros días.

El conocer su nuevo lugar la fue llenando de confianza.

Sus padres estaban algo nerviosos por el proceso de adaptación. Pero en verdad no resultó tan difícil.

Desde el comienzo identificó las rutas de transporte que la llevaban a la universidad, organizó sus horarios según los tiempos que debía dedicar a la universidad, y a sus deberes en la residencia estudiantil donde vivía.

Los padres la llamaban tres veces por semana al teléfono de casa.

Ella sabía con exactitud los días que sus padres la llamaban, y esperaba ansiosa su llamada. Los extrañaba de verdad.

A las ocho de la noche el teléfono sonaba; alguien en el primer piso anunciaba que la llamada era para Anna, bajaba las escaleras corriendo, ¡ansiosa porque sabía que eran ellos.

—¡Hola ¡

—¿Hola, hija cómo estás?

—Muy bien papi, ¿ustedes cómo están?

El corazón de Anna latía acelerado.

—Bien hija, gracias a Dios. Cuéntanos como está todo; nosotros queremos saber con lujo de detalles como la estas pasando.

Les contaba las nuevas experiencias de su día a día como estudiante universitaria. Pasaban los minutos tan rápidamente que el tiempo de colgar llegaba.

Ella puede hoy cerrar los ojos y en un instante, volar al pasado, escuchar el timbre de las voces de sus padres; volviendo a recrear con exactitud aquellos años de universidad.

Cada llamada la recargaba de energía; pero al final, la tristeza volvía por un par de horas después de colgar el teléfono. Los extrañaba mucho.

Era el año de 1986, Anna tenía dieciséis años. Por aras del destino, estaba en la misma ciudad en la que vivía; el que dos años más tarde sería su esposo.

Se inscribió en un gimnasio en el vecindario en el que vivía, asistía allí junto con Alida, su mejor amiga de la universidad; el horario seleccionado por las chicas era las siete de la noche, con una frecuencia de tres veces por semana.

Asistió a aquel gimnasio, porque vivía a dos cuadras de allí. Si hubiera vivido en otro lado, habría ido a otro gimnasio.

Llevaba asistiendo aproximadamente dos meses en el mismo horario y frecuencia. Solo un día fue necesario ajustar el horario, pues estaban en la semana de evaluaciones en la universidad y debían preparar un examen de osteología para el siguiente día; así que las dos amigas no querían perder la oportunidad de ir al gimnasio como de costumbre, y decidieron ir una hora antes. Al final, una hora antes no hacía ninguna diferencia.

Ese día, en el que las chicas cambiaron el horario del gimnasio para asistir una hora antes, conocieron a Carlos. No fue amor a primera vista; por lo menos para Anna.

Por el contrario, aquel chico que tenía gran acogida entre las chicas del gimnasio, dejó en ella la impresión de alguien presumido; ese tipo de personas, que les gusta contar todo lo que hacen para ganar la simpatía de todo el mundo.

Aquella noche las dos chicas llegaron al gimnasio, una hora antes de lo usual. Todo era igual.

Iniciaron una clase grupal de aeróbicos que duró cuarenta y cinco minutos, al terminar se vieron sorprendidas por alguien que se acercó a saludarlas.

—¿Hola chicas cómo están?, ¿Son nuevas aquí verdad?

Hubo un par de minutos de silencio, pero Alida respondió casi instantáneamente

— Realmente no; llevamos dos meses en el gimnasio, solo que hoy llegamos más temprano.

—Gracias a Dios.

Aquel joven sonriente, tenía brazos fuertes, y espalda ancha producto de su disciplina en el gimnasio.

—Soy Carlos y ustedes ¿cómo se llaman?

—Soy Alida.

—Yo Anna. Respondieron las chicas.

Cruzaron algunas palabras sobre la música que sonaba en el momento, en pocos minutos la conversación se tornó amena; de repente las chicas recordaron el compromiso con el examen que debían preparar; así que se vieron obligadas a despedirse; aunque hubieran preferido quedarse. El notó algo de afán en ellas, y antes de que se despidieran les dijo:

—Mmm, veo que tiene afán, ¿Nos vemos mañana?

Alida sin dudarlo respondió

— ¡Si!, nos vemos mañana.

Anna miró a su amiga sorprendida como preguntando el porqué de su respuesta; el acuerdo en el cambio del horario sería solo por ese día. Ella sonrió levantando sus hombros ligeramente en signo de picardía. Alida había quedado atraída por aquel chico inmediatamente.

Desde ese día cambiaron el horario del gimnasio de manera definitiva.

Conforme pasaron las semanas, Alida conversaba con el joven del gimnasio con mayor frecuencia; aceptó algunas invitaciones conjuntas a comer; eran conjuntas porque las dos amigas siempre se acompañaban. Salieron varias veces a cenar, al parque recreacional, cines, etc.

Una noche después de ir al gimnasio los tres amigos; Carlos las invita a cenar; pero Anna no se sentía bien. Un fuerte dolor de cabeza la aquejaba desde la mañana, así que prefirió quedarse esa noche. Después de dejarla en casa, fueron a cenar a un restaurante cercano; allí conversaron un par de horas. Él le confesó que se sentía muy atraído por su compañera; Alida pese a su desilusión lo presentía, había notado como él miraba a su amiga.

Las cosas cambiaron desde ese día. Alida reveló a su amiga la confesión que el joven le había hecho la noche anterior.

Con el paso de los días se notaron los cortejos; aquella confesión abrió una expectativa que antes la joven estudiante no había contemplado; pues fue su compañera quien desde el comienzo se había sentido atraída por aquel joven. Anna en cambio se sintió desagradada desde el comienzo por la actitud algo prepotente del primer día.

## La primera cita

Carlos llega la residencia de estudiantes donde vivía su futura enamorada; una casa blanca de dos pisos, muy similar a las otras de la cuadra. Apaga el motor del vehículo, sus manos tiemblan, una sensación de vacío en el estómago que nunca antes había sentido reflejaba su nerviosismo. Abre la puerta, se dirige a la casa con pasos pausados; toca el timbre, unos minutos después abre la puerta una mujer algo obesa, de cabello corto, canoso, pero bien peinado, un rostro serio pero jovial; era Alicia la dueña de la residencia.

—Buenas noches señora.

—Buenas noches joven.

—Estoy buscando a Anna.

—Un momento, ya la llamo.

Permaneció en la puerta porque no fue invitado a entrar. Desde allí, la ve descender por las escaleras que conducían al segundo piso en donde se encontraba su habitación.

Al acercarse a la sala, ella logra verlo junto a la puerta, percibe el atractivo del joven que solo un par de semanas atrás era invisible para ella; vestía un pantalón negro con una camisa del mismo color, estampada con pequeñas figuras blancas, distribuidas simétricamente; que contrastaban de forma perfecta con su piel blanca; completaban su figura los brazos fuertes y espalda ancha que hacían que la camisa se ciñera más en estas partes. Era la primera vez que lo observó con tanto detalle; el ambiente de la sala estaba impregnado de un delicioso aroma varonil, del cual, él era el protagonista.

—! Hola Carlos ¡¿cómo estás?

Él se aproxima a ella, besa su mejilla.

—Bien gracias, ¿tú cómo estás?

—Un poco cansada, anoche me acosté tarde estudiando.

—¡Pero te vez muy bien!

Agregó él, haciendo ver que el trasnocho de la noche anterior, no se refleja en la cara de chica que lo atraía.

Ella no podía negar que se sentía algo nerviosa. Aquel joven de sonrisa atrayente que parecía encantar a todas a su paso, incluso a las otras jóvenes de la residencia; esperaba por ella.

La pareja se despide de Alicia que aún se encontraba en la sala cerca del sofá que esta junto a la ventana; observando. Al final; ella era responsable de las chicas que vivían en la residencia estudiantil, y por Anna; especialmente, sentía un gran cariño.

—Hasta luego señora.

Con mirada seria, y con un dejo de autoridad en su voz.

—Hasta luego joven. No olvide traerla temprano.

—Así será señora.

Justo enfrente de la casa se encontraba estacionado el bonito automóvil blanco. Cortésmente abre la puerta, la ayuda a subir, cierra la puerta con suavidad; entra él en el auto; cierra la puerta, enciende el automóvil; cambia la velocidad a primera; gradualmente presiona el acelerador, las ruedas empiezan a girar, arrancando despacio. La mira por unos segundos.

—¿Dónde quieres ir?

—mmm. No sé, la verdad no conozco mucho.

—Okay, iremos para que conozcas un pueblo colonial muy cerca.

La noche se sentía algo fría como anunciando que la lluvia estaba cerca. En el camino, grandes gotas de agua empiezan a caer en el panorámico del auto.

—Oh, oh; parece que tendremos lluvia, ojalá escampe rápido.

En su voz se notó preocupación.

—Si, ojalá; aunque parece que lloverá duro.

La lluvia se hizo fuerte en pocos minutos. Los obligó a permanecer en el auto recorriendo las estrechas calles empedradas de la pequeña ciudad; de casas blancas, con puertas y ventanas coloreadas de café; y entre las luces amarillas de los faroles que alumbraban tenuemente, le daban un tono romántico; aunque lucía solitaria por la lluvia.

Luego de recorrerla a muy baja velocidad, sin prisas, dándole tiempo a la lluvia para que se marchara, se estacionaron en la calle inferior del parque principal; un vecindario que parecía ser ruidoso de día, pero cambiaba su carácter por uno más tranquilo en las noches, cuando el comercio cerraba; en especial en noches lluviosas como esa.

En el auto, el silencio se apoderó del momento; solo el ruido de la lluvia que caía interrumpía aquel silencioso encuentro; a lo lejos se podía escuchar el ladrar de los perros asustados por los truenos y relámpagos de esa noche lluviosa, mientras tanto el vidrio empañado del automóvil, se convierte en el lienzo perfecto para que Carlos empiece a dibujar vagamente algo que parecía amorfo, su compañera lo mira haciéndose cómplice del silencio.

Luego de un largo rato sin palabras; Anna rompe el silencio sin sentido que se había apoderado de aquella cita romántica.

—Deberíamos irnos ya, la lluvia no va a parar.

—Mmm, sí. Qué lástima que esté lloviendo tanto, vámonos ya.

Ella suspira algo frustrada sin decir nada. Qué más podía hacer; la lluvia arruinó su cita.

No podía creerlo, estaban de regreso en la residencia después de la primera cita; y sin cruzar una sola palabra.

En la residencia, su compañera de cuarto se encontraba despierta; sentada en el escritorio de madera que tenían en la habitación que compartían.

—¿Cómo te fue?

—Mejor no me preguntes, no hay mucho que contar. Puedes creer que no dijo nada; y nada es nada. Solo dibujó fantasmas en el vidrio. Yo creo que él es extraño.

—No quiero hablar más de eso.

—Hasta mañana

—Yo también me voy a dormir ya; que duermas bien.

Entre las cobijas, con la habitación en penumbra recordaba la cita de esa noche.

Es el hombre más extraño del mundo se decía, Aunque no podía negar que algo de ese chico la atraía; pero, que había pasado con el galán esa noche; los nervios lo paralizaron tal vez. Era difícil creer que aquel chico extrovertido, seguro y sonriente fuera el mismo de la cita.

Con el paso de los días, a pesar del fracaso de la primera cita él siguió acercándose; procuraba ser más especial en pro de enmendar la primera impresión. Llamadas a diario, encuentros en el gimnasio, mensaje en los chocolates que le regalaba. ¡Había regresado el chico que la atraía!

Unos meses después, en una de esas tardes en que compartían juntos.

—Anna quiero que seas mi novia.

—¿Qué es lo que dices?

—Es en serio, quiero que seas mi novia.

—Déjame pensarlo, no te puedo responder ahora. Me tomas por sorpresa.

La respuesta lo dejó en suspenso por unos días.

Dos semanas después fueron a bailar. Les encantaba

bailar, lo hacían muy bien; tenía buena coordinación, y lo hacían con destreza. El ambiente a media luz de la discoteca y la música alegre del lugar les impedía permanecer sentados. Habían bailado casi todas las canciones desde que llegaron esa noche; de repente, el ritmo de la música cambio por un ritmo más suave y lento; ella se dispuso a retirarse de la pista, pero él sostuvo su mano invitándola a bailar aquella melodía romántica, la tomo en sus brazos rodeando su cintura para permitirse tenerla más cerca, ella no ajena a la invitación rodeo su cuello con sus manos entrelazándolas detrás de su cuello. La melodía que sonaba "de punta a punta de Álvaro Torres" creó un ambiente perfecto para que por primera vez se besaran. Un beso tierno y sincero fue la respuesta a la propuesta de unos días atrás. Era novios formalmente.

Algunos domingos al iniciar el día la sorprendía con deliciosas ensaladas de frutas que enviaba por sorpresa sin que hubiera un motivo. ¡Vaya que si las disfrutaba! Sus detalles la derretían de amor.

Los detalles en una relación son utilizados para dar mensajes exactos e importantes; transmitir nuestros pensamientos y sentimientos, a la vez que incitan afectos dentro de cada uno. Es por esto que una relación debe alimentarse de detalles; no se requiere de regalos caros; pueden ser acciones, palabras, elogios. Cada detalle genera un efecto en el otro que hace que se mantenga una continua retroalimentación favorable entre los dos. Esto es algo que se debe mantener siempre si quieren que la relación permanezca viva en el tiempo.

Este noviazgo que inició despacio, les permitió vivir una linda época de conquista y cortejo; los fue llevando al enamoramiento poco a poco, en la medida que se fueron conociendo.

Desde mi punto de vista las relaciones de ahora van demasiado rápido, no permiten conocerse, saltan a la sexualidad desde las primeras citas. Una relación no puede llegar a buen puerto si solo se construye desde la pasión desenfrenada; esto solo trae relaciones pasajeras, sin compromisos que se mantengan en el tiempo.

Anna no se podía negar a enamorarse; era imposible hacerlo; él la llenaba de sorpresas, palabras bonitas, momentos alegres, colaboración y un excelente trato; ella por su parte también le correspondía, era muy cariñosa, se preocupaba por él; los detalles entre los dos nunca faltaron.

Era uno de esos viernes en que no parecen terminar nunca. Las evaluaciones y el montón de trabajos de la universidad que debía entregar al día siguiente, la tenían muy ocupada. Sentada frente al escritorio escuchaba el suave tic tac del reloj que estaba en el muro blanco de la habitación, recordándole que el tiempo de terminar aquello se agotaba.

En el primer piso de la casa se escucha sonar el ring del teléfono.

—Anna es para ti, la necesitan al teléfono.

Algo molesta por la interrupción del momento, baja las escaleras un poco afanadas a fin de regresar pronto a retomar su trabajo.

—¡Halo!

Seco y tajante, molesta por la interrupción.

—Hola amor, quería invitarte esta noche a comer.

—Imposible amor, tengo mucho trabajo de la universidad que debo terminar hoy.

Respondió afanada.

—Entiendo; entonces yo voy, te ayudo y pedimos algo para comer.

— ¿De verdad quieres venir a ayudarme?

—Permíteme que te ayude, así terminarás más rápido, no te acuestas tarde; mañana no estarás cansada, y podremos ir a bailar.

Ella no podía decir no; le encantaba bailar, además esa voz verdaderamente tenía algo; era un ofrecimiento de auxilio que contaba con un tono cálido y firme. Así que era imposible que se negara a su ayuda. Sonrió, se encogió de hombros ante esa llamada

—Bueno, te espero. Gracias por querer ayudarme.

Su ayuda le facilitaba las cosas, así podía tomar tiempo para compartir juntos. Hacían un buen equipo.

Después de cada semana, entre clases y tareas para ella, y trabajo para él, añoraban que los domingos llegaran. La recogía temprano, asistían a la iglesia, luego planeaban cuál sería su destino ese día.

Las pequeñas ciudades cercanas que ella no conocía, eran el destino perfecto cada domingo. Las calles concurridas que ofrecía las pequeñas ciudades cercanas por ser el último día de la semana; despertaban en ellos un gran encanto. Las voces de la gente que se mezclaban con las risas de los niños, y alguna que otra voz de un vendedor ofreciendo sus productos a lo lejos, creaban un ambiente perfecto para el diálogo.

Al caer la tarde regresaban a casa.

Cuando estaban juntos el tiempo volaba; habían creado una estrecha relación de apoyo incondicional y confianza.

Pasaron dos meses.

Una tarde en la que trabajaban juntos en un proyecto de la universidad. Dibujaban en el mismo pliego de papel blanco que estaba sobre una gran mesa; de repente… Él se queda mirándola fijamente, queriendo encontrar en ella cada detalle que lo enamoraba, al tiempo que con sus ojos buscaba su mirada; se aproxima despacio, hasta lograr estar cerca.

Por un instante sus miradas se cruzaron; Anna pudo

sentir los ojos de su novio que la observaban con minuciosidad.; ella sonríe tímidamente, levanta los hombros, y con cara de sorpresa le pregunta:

—¿Qué pasa, por qué me miras así?

La toma de la mano y la sorprende con una frase de tres cortas palabras.

—Quiero casarme contigo.

—¿Qué?, ¡Estás loco!

—Si, estoy loco de amor por ti.

—Hablas en serio.

—Si muy en serio.

Quedó muda; no sabía que decir. Nunca se imaginó que su novio le pidiera que se casaran. No lo había contemplado, era demasiado pronto; estaba iniciando su carrera profesional, además solo llevaban dos meses de noviazgo.

En ese momento muchos sentimientos la embargaron: miedo, alegría, duda, amor.

Debía haber estado preparada, como siempre trataba de hacerlo para todo; para contestar esa pregunta inesperada. Pero aterrizó rápidamente a la realidad del momento que vivía. Aquella, no era una propuesta como las que había visto en las películas románticas, en donde había un anillo y un lugar especial. Aquella era una propuesta no preparada; sin pensar, que solo surgió de repente.

Con la emoción del momento además de una sensación de vacío en el estómago; Anna aceptó. Se unieron en un beso largo lleno sentimientos encontrados para ella; que no le permitió extrañar en ese momento, el anillo que sellaba aquel compromiso de amor.

Para ese entonces sus padres sabían que estaba conociendo a un muchacho, pero no sabían mucho de él; así que en las siguientes vacaciones de la universidad cuando visitó sus padres; él viajó unos días después que ella, para conocer sus suegros. Se hospedó en un pequeño hotel en el parque principal del pueblo; en esa pequeña ciudad todo era cerca, así que la casa de su novia no era muy lejos de allí.

La primera noche de visita en casa de los padres sucedió algo particular. Carlos había llegado sobre las siete y media de la noche; conoció sus suegros de forma informal; la pareja se sentó en la sala del primer nivel, conversaron amenamente por un largo rato sentados en el sofá gris de la sala; cuando de repente se escuchan unos pasos pausados que se acercan, era el padre que se aproximaba a la sala en donde ellos se encontraban. De pie, junto a la puerta con una bata de toalla gris oscura sobre su pijama, y señalando con su dedo índice derecho el reloj que posaba en su muñeca izquierda a manera de señalar la hora.

—Joven son las nueve, las visitas aquí, son

hasta las nueve de la noche.

De inmediato, él algo apenado, se levanta rápidamente como si un resorte lo hubiese empujado desde el sofá, en el que minutos antes estaba cómodamente sentado; entendió el mensaje sin que se necesitaran más palabras, se dispuso a marcharse. Besó a Anna en la mejilla y se despidió.

—Hasta mañana señor.

—Hasta mañana Carlos.

En aquel tiempo los padres tenían autoridad, y los hijos difícilmente refutaban o desobedecían sus observaciones.

Ella se sintió muy avergonzada por ese momento; era universitaria, vivía sola en otra ciudad, pero sintió que la trataban como a una niña.

En aquel viaje la pareja no dijo nada del secreto que guardaban, era demasiado pronto. Así que decidieron esperar. Estaban comprometidos, ese era su secreto; eran felices, amaban su presente y no les importaba nada más.

Aquella relación crecía con el paso de los días; la complicidad, ayuda mutua y los momentos que compartían la fortalecían a diario.

Seis meses después viajaron de nuevo juntos para el grado del colegio del hermano de Anna. Esa sería la ocasión perfecta para contar que estaban comprometidos.

En ese viaje la familia tuvo la oportunidad de conocer un poco más a Carlos. Fueron muchas preguntas las que tenía que responder a sus suegros; al fin y al cabo, no lo conocían, solo lo habían visto un par de veces en el viaje anterior.

— ¿Dónde trabajaba?

— ¿Con quién vivía?

— ¿Qué estudiaba?

—¿Por qué había abandonado sus estudios?

Eran algunas de las preguntas por responder. Ella pudo darse cuenta que a su padre no le agradó su prometido. Él no era el hombre que su padre quería para ella.

De alguna manera los padres siempre tenemos los estándares más altos, cuando se trata de las parejas de los hijos; y esto es simplemente porque queremos lo mejor para ellos.

A esta joven enamorada, no le importaba lo que sus padres pensaban; lo amaba y eso era todo. Quería compartir su vida con él, sin importar como, ni dónde.

Estaba en la etapa del enamoramiento, ese estado emocional que es producto de la alegría, atracción, y la satisfacción de encontrar a alguien con una alta compatibilidad para compartir todo.

Meses más tarde anunciaron su compromiso; las dos familias se opusieron rotundamente.

El padre de ella argumentó:

> —Ustedes están muy jóvenes para casarse, apenas se conocen; además ella está empezando a estudiar. Mejor terminen de estudiar, conózcanse y cuando terminen tendrán tiempo para pensar en matrimonio.

Anna se quedó en silencio. No tenía argumentos como refutar las palabras de su padre, sabía que todo era verdad. Aunque por dentro moría de rabia, sentía que no era justo, y se preguntaba:

> —¿Por qué esto me pasa a mí?

> —¿Por qué mis padres no me entienden?

> —¿Por qué no quieren que sea feliz?

Su suegro al igual que sus cuñadas también se opusieron. Todos coincidían en la falta de madurez de los jóvenes.

Con todos en oposición, la joven pareja no tenía más opción que esperar los dos años que propusieron los padres en aquella reunión. Aquel obstáculo los unió más.

Un año después la madre de Anna enfermó, se desplaza a Bogotá para realizar el tratamiento médico; ahora estaban juntas de nuevo. Esta fue una etapa muy dura para la familia; sin embargo, estas dificultades le permitieron conocer el apoyo incondicional de su novio.

Carlos llegaba muy puntual a las seis de la mañana, para ayudar a transportar a su suegra; para ese tiempo vivían en un apartamento ubicado en un cuarto piso, que no tenía ascensor, y la movilidad de la madre estaba disminuida por la enfermedad.

Anna lo recibía con amor, lo abrazaba y le susurraba al oído.

—Gracias por ayudarme siempre amor.

Tenía una inmensa gratitud por su dedicación para con su progenitora.

—sigue amor, mamá está terminando de desayunar.

—Tú quieres algo.

—No, gracias; ya desayuné, no te preocupes.

—Entonces, siéntate, esperemos unos minutos mientras mamá termina; aún tenemos algo de tiempo.

Sonrió tímidamente, se sentó en la sala a esperar unos minutos. Casi acababa de sentarse cuando:

—Buenos días Carlos como éstas.

—Muy bien señora, gracias. ¿Lista para irnos?

preguntó seguidamente.

—Si muchacho, eso creo.

Se levanta rápidamente del sofá en el que acababa de sentarse.

—¿Cómo vamos a bajar las escaleras?

Preguntó la madre.

—No se preocupe señora, la voy a alzar en mis brazos con cuidado.

—Me da pena hijo, que usted haga eso.

—No se sienta mal, estoy aquí para ayudar señora.

—Dios le pague su bondad y su valiosa ayuda joven.

Se inclinó, la levantó en sus brazos con cuidado, y la sujetó con firmeza:

—Por favor sosténgase de mi cuello para que esté más segura.

Ella rodeó su cuello con timidez; sus brazos delgados dejaban ver las huellas de la enfermedad, a pesar de contar solo con 38 años. Inician el descenso por las escaleras, mientras tanto su novia lo mira con ojos de amor, aquellos brazos fuertes trabajados con disciplina en el gimnasio en donde se conocieron, ahora sostenían su progenitora. Lo miraba con amor y gratitud en el descenso por las escaleras; aquella escena; era la prueba de amor más grande que pudiera esperar, la hacía sentirse segura de su elección. Sin ninguna duda sabía que había encontrado el amor de su vida.

Durante el camino por las escaleras, asegurándose que su valiosa carga se encontraba bien le preguntaba varias veces:

—¿Cómo se siente señora?

Ella al tiempo que movía su cabeza a manera de afirmación respondía:

—Bien., gracias. Usted hijo, ¿está cansado?

—No señora, estoy bien.

—No se suelte de mi cuello por favor.

Una vez estaban en el primer piso le ayudaba a entrar en el automóvil con delicadeza. No era su automóvil, pero lo conseguía prestado tres veces por semana para poder transportarla. Aquellos actos no tenían precio, era la demostración de amor y compromiso más grande para ella.

Ya en el centro médico la ayudaba a bajar con cuidado, la entregaba a la enfermera que la recibía en la puerta y confirmaba con ella la hora en que debía estar de regreso.

## El primer emprendimiento juntos

Unos meses antes de que se casaran la pareja compró

un pequeño carro de comidas rápidas para vender perros calientes y hamburguesas. Ellos preparaban casi todo: salsas, arepas, pelaban y picaban las papas que se freirían, adobaban la carne para luego armar las hamburguesas; en la cocina del apartamento donde Anna vivía. Cada noche los jóvenes tenían la misma rutina para tener listos sus productos.

No contaban con ninguna experiencia, pero las cosas parecían fáciles. Adobar la carne con algunas especias, cebolla, ajo y sal; luego picar la cebolla en pequeños cuadritos, y el tomate en rodajas; pero la clave estaba en la salsa tártara que preparaban, a sus clientes les encantaba porque tenía un exquisito sabor; la preparaban picando cebolla, cilantro, ajo, pimentón; vaciaban todos los ingredientes en la licuadora junto con la mayonesa, lo licuaban por un par de minutos a baja velocidad y estaba lista para empacar.

La pequeña cocina se convertía en un campo de batalla. Los jóvenes usaban los recipientes de la casa y la nevera para conservar la mayoría de las cosas. Una vez terminaban de preparar todo; limpiaban el desorden causado; ellos sabían que a los padres les molestaba el desorden que hacían cada noche antes de salir a vender sus productos a la calle.

El emprendimiento duró poco, tal vez un par de meses. Los dos empezaron a sentirse cansados de todo el trabajo que requería el preparar las cosas cada noche, luego tener que salir a venderlas hasta casi la media noche; y al día siguiente debían levantarse muy temprano para continuar con los roles de sus vidas en esos momentos. La última noche de los jóvenes como propietarios del carro de comidas rápidas; llovía mucho, pero a pesar de la lluvia prepararon todo; salieron a vender sus productos, pero, regresaron a casa sin vender nada y empapados por completo.

El padre, al verlos llegar desilusionados y mojados les preguntó.

—¿Ustedes saben lo que están haciendo?

Solo esa pregunta bastó para que los sueños de la joven pareja se desvanecieran., sentados en las sillas del comedor auxiliar de la cocina se miraron mutuamente, sin responder nada; ellos sabían la respuesta, no era eso lo que querían, estaban cansados del trabajo que tenían el ser los propietarios del carro de comidas rápidas. Esa noche el último aliento expiró, mientras recogían todos los productos que quedaron listos esa noche sin que se hubiesen vendido.

—Supongo que tu papá tiene razón; no sabemos lo que estamos haciendo.

—Pensamos que sería más fácil y podríamos ahorrar dinero, pero ha sido duro; me siento cansado.

—Además no hemos podido ahorrar mucho.

—Yo también me estaba sintiendo cansada, pero no te había dicho nada para que no te desilusionaras.

El negocio de comidas rápidas terminó aquel día.

## Las lecciones comienzan

Habían transcurrido dos años desde que se comprometieron, se sienten felices de poder iniciar su vida juntos; ahorraron algo de dinero, pero lo invirtieron todo en la boda.

Durante el noviazgo los planes se centraron en planear su boda y la luna de miel.; olvidándose de los detalles que vendrían después de casados.

<u>El día de la boda.</u>

Sobre las tres de la tarde; madre e hija tienen cita en el salón de belleza para ser arregladas para la boda. El salón estaba concurrido ese día, debieron esperar unos minutos sentadas en el sofá, antes de ser atendidas.

Treinta minutos después se acerca el peluquero.

—¿Tú eres la niña de los quince años?

Ella sorprendida lo miró y respondió rápidamente, aunque se encontraba algo nerviosa

—No. Hoy es mi matrimonio.

Aquel hombre algo sorprendido y con una leve sonrisa precavida, no podía creer lo que acababa de escuchar. Ella se veía tan joven y su rostro no dibujaba los dieciocho años recién cumplidos.

—Vengan conmigo, voy a empezar a peinarlas.

Se ponen de pie y caminan hacia donde el hombre les señala. Caminando unos pasos detrás de él.

Se sientan frente al gran espejo que atraviesa el salón, y podían verse reflejadas allí, para seguir con detalle su transformación.

El hombre no salía de su asombro aún. Tímidamente inicia una conversación.

—¿Y estás listas para casarte?

—Si.

Su respuesta fue inmediata, aunque en su interior estaba preocupada y nerviosa.

El hombre no supo que más decir al escuchar aquella respuesta decidida. Despúes no hubo más preguntas; se dedicó a realizar su trabajo con las dos.

Luego de casi tres horas en el salón madre e hija están listas. Solo falta el vestido de novia que la esperaba en casa.

En el apartamento con ayuda de su mamá se viste.

Un vestido blanco largo, de falda ancha y ajustado a su estrecha cintura; bordado con pequeñas piedras blancas tornasoladas que enmarcan el escote profundo de la parte delantera del vestido, y en la espalda otro escote con menos profundidad seguido  de pequeños botones blancos que terminaban en un moño bien formado que deja caer sus extremos sobre la falda ancha, decorada con pequeños bordados que se dejan ver solo al movimiento; en su cabeza un largo velo blanco que nace en una corona de flores pequeñas, en sus manos un ramo de flores naturales en donde las orquídeas y las astromelias se combinan de  manera perfecta. Era el vestido que Carlos compró para ella, lo escogieron juntos, pero su mamá lo redecoró para que se viera más bonito.

En la puerta del apartamento, justo antes de salir a la iglesia el padre la espera, la mira con ternura, pero a la vez sus ojos reflejaban tristeza.

—Te ves muy linda.

—Hija, hoy sales de aquí a casarte con el hombre que tú elegiste muy a mi pesar.

—Quiero pedirte que sigas estudiando. Que termines tus estudios. Si te preparas para ser alguien en la vida, tu decidirás que cosas quieres tolerar; pero si no lo haces vas a tener que aguantarte todo. Yo seguiré pagando tus estudios si tú continúas estudiando.

Con los ojos algo llorosos respondió:

—Gracias Papi. Yo si quiero seguir estudiando.

Las lágrimas en los ojos de su hija se empezaron a notar.

Él saca el pañuelo de su bolsillo y seca la lágrima que empezaba a rodar por la mejilla de su niña.

—No llores. Las novias no se ven bonitas llorando.

Padre e hija se estrecharon en un silencioso y largo abrazo en el que las palabras sobraban, los dos sabían el inmenso amor que los unía.

Este día Anna recibió el mejor consejo y la mayor oportunidad que muchos años después valoró.

**De regreso a la realidad**

Ahora están casados y se enfrentaban a una nueva realidad en sus vidas, esa que tanto soñaron. Deben empezar a tomar algunas decisiones que debieron contemplar antes del matrimonio.

No sabían dónde vivirían. Afortunadamente resultó una propuesta del padre de Carlos; que les propuso que vivieran en el segundo piso, donde él señor tenía un almacén de tornillos. No tenían muchas opciones que elegir, así que estaban felices por la oportunidad de vivir allí.

El pequeño apartamento contaba con entrada independiente junto a la puerta de entrada del almacén; era una puerta blanca de tamaño más pequeño con respecto a las puertas normales. Constaba de una habitación no muy grande, un baño, patio, cocina, y el comedor.

El espacio era perfecto para ellos; solo contaban con sus cosas personales, la cama de soltero de Carlos, una estufa eléctrica de dos fogones que era prestada y una caja blanca de icopor que hacía las veces de una nevera improvisada. Se sentían tristes cuando sus miradas recorrían su nuevo hogar ausente de todo; sin muebles ni decoraciones.

Fue duro para los dos empezar sin estar preparados; se dieron cuenta que para iniciar un matrimonio era necesario más que solo el amor que los unía. "Pues de amor no se vive".

# CAPÍTULO DOS
## LECCIÓN 2

**Planea tus hijos**

---

*Empezar una familia es una enorme responsabilidad; cambia la vida de cualquiera, por eso deberíamos tomarnos el tiempo necesario para prepararnos.*

*Los hijos no traen un manual de instrucciones. Pero si nos preparamos de forma física, psicológica y económica los resultados serán mejores y el proceso más fácil. Ser padres no es una tarea fácil, pero es una hermosa experiencia.*

Anna al igual que muchas niñas jugaba con sus muñecas a ser mamá. Parece ser que el sueño de ser madres; es algo que albergamos en nuestro ser, la mayoría de mujeres desde que somos niñas. Pero sin embargo un gran porcentaje se ven sorprendidas por la noticia de un embarazo; otras en cambio lo desean con tanta ilusión, que hasta se someten a tratamientos incómodos a fin de lograrlo, pero solo un pequeño porcentaje se prepara verdaderamente para ser mamá, pero todas deberían estarlo.

La joven pareja que desde el inicio había sorteado muchas circunstancias difíciles después de dos años de casados quieren ser padres. Solo sintieron que era el momento Sin preparación para el enfrentar el embarazo, pero si con un gran deseo por ser mamá, espera su primer hijo. Afortunadamente es joven, tiene buena salud; que nada puede salir mal con el bebé que espera.

El embarazo es el período que transcurre entre la concepción (fecundación de un óvulo por un espermatozoide) y el parto. Este milagro que ocurre en el cuerpo de la mujer debería tener una etapa previa de preparación para que mente y cuerpo estén listos a enfrentar todos los cambios que vienen en adelante. Sin embargo, pocas veces nos preparamos para ser madre. Prepararse implica según los especialistas llevar a cabo una serie de acciones y cuidados; **varios meses antes del embarazo**, como preparación para vivir una gestación saludable y exitosa.

En la mayoría de las ocasiones, estos cuidados son fáciles de realizar, marcan una enorme diferencia para evitar riesgos y amenazas a la salud de la madre y de su bebé.

Una mujer debe prepararse antes de decidir ser madre. La preparación física de la madre incluye aspectos como revisar que las vacunas estén al día, buena alimentación, controles médicos, algunos exámenes de laboratorio para ver que todo esté funcionando bien, y no existan enfermedades silenciosas como la diabetes, o la hipertensión; preparar la piel con cremas hidratantes para el proceso de gestación, ejercitarse para fortalecer los músculos, tomar algún suplemento recomendado por el médico, dormir bien, mantener buenas posturas, dejar los hábitos nocivos como fumar, beber o ingerir drogas.

La parte psicológica de la madre se prepara conociendo los cambios que experimentará el cuerpo durante cada mes del embarazo y posterior al embarazo; controlando el estrés, y aprendiendo a tener un mejor control de las emociones.

Habían transcurrido ya cuatro meses del embarazo de Anna. Una noche, recostada en la cama mientras estudiaba una de sus lecciones, apoyó las hojas que leía sobre su estómago cuando de repente… se mueven. Fija su mirada en su vientre, puede ver como nuevamente las hojas se mueven; era la primera vez que sentía a su bebé moverse; era una extraña pero inolvidable sensación. Anna llama con premura a su esposo para que vea lo que pasa, él entra en la habitación presurosamente.

—¿Qué te pasa?, me asustaste

—Ven, acércate más, dame tu mano.

Toma su mano, la pone sobre su vientre.

De repente el bebé se mueve de nuevo. Sorprendido, con los ojos muy abiertos y un brillo especial en ellos pregunta:

—¿Qué pasó?

Ella sonríe y lo mira amorosamente.

—Es nuestro bebé.

—Wow, nunca me imaginé que se sintiera así. ¿Y tú que sientes amor?

—Mariposas revoloteando dentro de mi estómago.

Se recuesta junto a ella en la cama, mientras acaricia su barriga, nota cuanto a crecido, es la primera vez que se detallaba en eso.

Unos minutos de silencio le siguen a una pregunta

—¿Qué nombre le pondremos?

—No sé, hay tantos nombres bonitos.

—Mejor esperemos a saber si es niño o niña.

—Tú que crees que sea.

—Una niña tal vez.

—Mmm, tal vez. Dicen que si la barriga no crece tanto es muy posible que sea una niña. ¿Tú crees que la mía está muy grande?

—Bueno ha crecido, pero no tanto.

—Quien te dijo eso tan chistoso.

—La señora del tercer piso, pero ya lo había escuchado antes en algún lugar.

—Mejor esperemos, el próximo mes es la ecografía y saldremos de dudas.

—Si esperemos. ¿Vienes a dormir ya?

—Dame cinco minutos, apago la luz de sala y vengo a dormir ya.

—Te espero entonces.

—No te duermas, ya vengo.

—No me dormiré. Ve, no te demores.


Un mes después, cuando ya completaba el quinto mes de embarazo.

—Amor hoy es el día de la ecografía a las tres de la tarde.

—¿Vas a ir conmigo?

— Por supuesto, no me lo perdería. Estoy ansioso por saber.

—Nos encontramos en el consultorio entonces.

—Si. Yo tengo clase, pero me salgo una hora antes para estar puntual.

A la hora acordada se encuentran en el consultorio para la ecografía. La enfermera los hace pasar al consultorio.

—Señora por favor, pase al baño, retírese su blusa, póngase esta bata; fíjese que la abertura de la bata quede hacia adelante.

—Está bien, gracias.

En el baño ella sigue las instrucciones de la enfermera.

—Está lista, siga por favor, recuéstese en la camilla.

Dijo seguidamente la enfermera.

—El doctor estará en unos minutos con ustedes.

Su esposo la ayuda a subir a la camilla, permaneciendo junto a ella sin soltar su mano. Estaban invadidos de ansiedad y emoción.

Unos minutos después el doctor hace presencia en el consultorio.

—Buenas tardes papitos; ¿Cómo están?

—Muy bien doctor.

—Vamos a ver ¿Cómo está este bebé?

Sentado junto a ella deja caer sobre el vientre un poco del gel azul que contenía el recipiente plástico que estaba junto al ecógrafo; el líquido algo denso empieza a escurrir en el vientre de su paciente, el galeno toma el transductor del ecógrafo en su mano derecha, y se ayuda con él para esparcirlo con movimientos circulares sobre el vientre, a la vez que trata de ubicar la posición del bebé, simultáneamente mira el monitor que proyecta las imágenes indefinidas captadas por el transductor. De repente en aquel lugar que se encontraba en absoluto silencio se escucha: Bum, bum, bum…Un sonido extraño, difícil de explicar pero que significaba el milagro de la vida.

—¿Escucharon eso?

—Si, ¿qué es?

—Es el del corazón del bebé, así suena.

—Se escucha fuerte, y rápido.

Fue muy emocionante para ellos escuchar por primera vez el corazón de su primogénito. Una contracción involuntaria de sus cuerpos provocó que el vello de sus brazos se erizara de emoción; curiosamente. los dos pudieron sentir lo mismo.

El médico sigue recorriendo el vientre, ubica la cabeza, la columna, las piernas, al tiempo que realiza algunas medidas que le indican como avanza el desarrollo del embarazo.

—Los felicito, todo está muy bien; se está desarrollando dentro de los parámetros de normalidad, para la edad de gestación que tiene hasta ahora; así que la fecha posible de parto será después del 19 de junio. ¿quieren saber qué tendrán? Voy a ver si nos deja; algunas veces la posición del feto no permite verlo de forma clara.

—Parece que tengo que ubicarme mejor, vamos a ver. Aquí esta.

— Miren aquí papás, ¿ven esto?

Ellos tratan de adivinar las imágenes imprecisas en el pequeño monitor sin entender lo que veían; se miran mutuamente como preguntándose si entendían lo que el doctor trataba de mostrar.

—La verdad no entiendo nada de lo que se ve ahí doctor.

El doctor sonríe ante la aclaración de su paciente.

—Mira bien, yo sé que no es tan fácil entender estas imágenes, pero les voy a explicar. Mira, aquí están los órganos genitales.

—¿Ves estos dos círculos?

—Sí, claro. Asintieron al tiempo.

—Bien, son los testículos.

— Van a tener un campeón saludable.

Fue un hermoso momento ver en aquellas imágenes imprecisas de aquel pequeñito que se formaba en el vientre de Anna; el sexo del bebé en verdad no era importante Ellos se encontraban revestidos de amor incondicional para el niño que esperaban. Así que no podían estar más felices, ahora tenían la certeza que estaba bien, crecía fuerte y saludable.

Por fortuna el embarazo marchó bien hasta el final; La madre continuó estudiando sin interrupciones. Los primeros días del mes de junio, asistió al último control prenatal.

—¿Doctora, como voy a saber cuándo es el momento del parto momento?

— Bueno, eso es fácil; vas a sentir un dolor diferente, es un dolor que va de adelante hacia atrás.

—Mmm. ¿Entonces no es como un dolor de estómago?

—No, es diferente. Va de adelante hacia atrás.

—No te preocupes, tú lo vas a saber.

—Ya estas casi lista, solo falta esperar que llegue el momento exacto. Yo estaré atenta, me llamas ante cualquier inquietud.

—Gracias doctora.

Faltaban algunas cosas por comprar antes de la llegada del bebé. Así que decidieron ir de compras con su mamá, caminaron mucho esa tarde; y de regreso a casa Anna se antoja de un delicioso postre que le encantaba, un dulce preparado con canela y leche.

—Mami, te invito para que pruebes un dulce delicioso que venden aquí.

—Bueno, sí.

—Dos dulces de leche y dos botellas de agua por favor.

La mesera regresa pronto con el pedido. Ellas disfrutan cada trozo del dulce.

—Como le pareció mami, verdad que es delicioso.

—sí, es muy rico, yo no lo había probado antes.

—Gracias por la invitación hija. ¿Terminaste ya?

— Si, vamos ya, antes que sea más tarde.

—¿Cómo te sientes?, hoy caminamos mucho

—Bien mami, pero me duelen un poco los pies, parece que los tengo algo inflamados.

Esa noche no pudo dormir bien, la despertó un dolor de estómago. Ella culpó el dulce que comió la tarde anterior que habían estado de compras.

En la mañana su esposo le pregunta:

—Sentí que te levantaste anoche varias veces. ¿Qué pasó?

—La verdad no dormí mucho. Me duele el estómago.

—No será el bebé que está por nacer.

—No creo amor. La doctora dijo que el dolor sería de adelante hacia atrás y es diferente

—Voy a preguntarle a mami si ella no se sintió mal con el dulce.

Se dirige al teléfono para llamar.

— Buenos días, mami ¿cómo estás?

—Bien hija, ¿tú cómo estás?

—No muy bien, tengo dolor de estómago desde casi la media noche, pienso que fue por el dulce que comimos ayer.

—No creo que sea por eso; yo estoy bien. No será que estás en trabajo de parto.

—No creo, el dolor no es como dijo la doctora.

—La verdad hija, yo nunca sentí un dolor de adelante hacia atrás cuando ustedes nacieron. Mejor llama la doctora y le cuentas.

—Si, voy a hacer eso mami. Te llamo más tarde y te cuento que me dijo; gracias, te amo.

Seguidamente marca el teléfono de Claudia, la ginecóloga.

—Buenos días, por favor ¿la doctora Claudia se encuentra?

—¿Quien la necesita?

—Anna Miller.

—Buenos días señora Miller; ya la comunico

con la doctora

—¿Buenos días; como estas Anna?

—Me temo que no muy bien, tengo un dolor de estómago desde la media noche, pero no es como usted me dijo.

—Pasa por mi consultorio, te reviso antes que te vayas a la universidad.

—Está bien, en un rato paso por allá; muchas gracias.

—Hasta luego Anna.

Carlos estaba atento a la conversación de su esposa.

—¿Te dijo que fueras verdad?

—Si, eso me dijo.

—Termina de arreglarte y vamos los dos

—Estoy lista ya, después de ver a Claudia voy para la universidad.

—Vamos entonces.

De camino al consultorio se dio cuenta que el dolor era más frecuente e intermitente, estaba aumentando la intensidad.

En consultorio Claudia no los hizo esperar, tan pronto

como se anunciaron los hizo pasar.

— Sigan, vamos a ver qué es lo que pasa.

— Ponte la bata para revisarte y te acuestas en la camilla.

Se cambia, seguidamente sube en la camilla con la ayuda de su esposo.

—Estas dilatando ya, significa que estás en trabajo de parto.

— Voy a hacerte el ingreso a la clínica ya.

—Pero no trajimos nada, yo iba para clase, hoy salgo a vacaciones afortunadamente.

—Tienes que quedarte. Tu esposo puede ir traer las cosas.

La doctora elabora la orden de hospitalización y la entrega a Carlos.

—Este es el ingreso a la clínica; Que Anna se quede allá para que la preparen y tú vas a recoger lo que necesitan para ella y el bebé. Yo pasaré en un rato por la clínica a ver como está.

—Mmm. Ya me puse nerviosa.

—No te preocupes, todo va a estar bien. Te veo en un rato.

Al salir del consultorio él la toma de la mano

—Tengo miedo amor, pero es un miedo que nunca antes había sentido.

—Yo también, pero también estoy feliz, hemos esperado nueve meses para conocerlo y en pocas horas lo tendrás en tus brazos; piensa en eso.

—Si, tiene razón.

—Uff, casi lo olvido; tengo que llamar a mami, quedé en avisarle.

—No te preocupes, yo la llamo ahora que vaya al apartamento a recoger las cosas.

—Gracias amor.

Deja su esposa en la clínica, se dirige al apartamento para recoger las cosas que por fortuna su esposa había dejado listas la noche anterior. Antes de salir recuerda llamar a su suegra para informarle que el bebé esta por nacer.

En la clínica, en frente de la sala de cirugía los dos esperaban ansiosos la llegada del nuevo integrante. Los minutos se hacían tan largos que el nerviosismo se apoderó **de él**; y decidió no seguir dando vueltas alrededor sin saber nada, así que se dirige a la estación de enfermería para preguntar por su esposa.

—Señorita, podría informarme como se encuentra mi esposa, ha pasado mucho tiempo, y no sabemos nada.

—Cuál es el nombre de su esposa señor.

—Anna Miller.

—¿Ella es paciente de la doctora Claudia?

—Si.

—Su esposa se ha demorado porque le realizaron una cesárea en último momento. En un momento sale la doctora para hablar con ustedes.

—¿Mi esposa está bien?

—Si claro. No se preocupe.

Regresa a la sala pensativo, su preocupación ahora es más grande. Luego de unos minutos las puertas del quirófano se abren; dejan ver una figura vestida de pies a cabeza con un traje de color verde que dificultaba identificar quien estaba en él, sus brazos sostenían un bebé envuelto en una cobija blanca que era familiar para los dos, recordaron que la habían comprado un par de meses atrás. Los dos se ponen de pie de inmediato, aproximándose con la certeza de que era su bebé.

—Les presento a Harry, estaba un poco demorado para nacer, a última hora se giró, y tenía una posición que no le permitía nacer si no le ayudaba. Así que fue necesario realizar una cesárea.

La doctora entrega en niño en brazos de su padre, cuidadosamente lo toma en sus brazos, no podía creer que ese pequeñito fuera suyo, tantos meses anhelando ese momento mágico, lleno de amor. Ahora lo tenía en sus brazos que le servían de arrullo; cuanta responsabilidad había desde ese momento depositada en él, lo contempló en silencio, lo besó en la frente y se lo entregó a la madre de Anna, ella también quería tomarlo en brazos y ver de cerca su primer nieto, le parecía mentiras que ese pequeñito fuera la proyección de su vida; los ojos se le llenaron de lágrimas de felicidad. Claudia interrumpe ese momento.

—Bueno, tengo que llevármelo, en tres horas estarán en la habitación.

—¿Cómo está mi hija, doctora?

— Bien señora, ella está bien; esta dormida aún por la anestesia. En cuanto despierte, la pasamos a la habitación junto con el bebé. ¡Felicitaciones familia!

Anna permaneció en la clínica por dos días.

En casa los padres inexpertos disfrutaban del proceso de aprender a ser papás, tenían que aprender muchas cosas; era hermoso pero difícil a la vez. Las primeras semanas trajo noches sin dormir, cansancio, y casi que dejaron todo lo demás en sus vidas para dedicarse al bebé. Por fortuna contaron con la ayuda de la madre de Anna ella les enseñó las cosas básicas; entonces las lecciones de los padres primerizos eran de día y las prácticas en la noche cuando estaban solos.

Harry era el centro de sus vidas, aprendía rápido y era un bebé muy sociable. Muchos de los nuevos amigos de la joven pareja surgieron por la capacidad de socializar del pequeño con todos sus vecinos; él hablaba más que un niño de su edad, y acompañó a su madre el día de su graduación cuando cumplió el primer año.

## El tiempo pasó rápido

Dos años después, estaban esperando la llegada del segundo bebé, Harry tendría un hermanito. El nuevo embarazo fue una de esas lindas sorpresas no planeadas. Pero al fin y al cabo como dice el dicho popular "cada bebé llega con un pan debajo del brazo". Bueno; ese es un dicho que no es nada cierto.

El embarazo avanzó con normalidad hasta el quinto mes; poco a poco notó que su peso aumentaba más de lo normal, manos y pies se veían inflamados y su estado emocional estaba siendo bombardeado por la delicada salud de su madre; además de las largas horas en la clínica, su hogar y las pocas horas de sueño no eran el mejor escenario para su estado.

Una noche de visita en la clínica, sufre un desmayo; esto dispara su estado de alerta; decide visitar el doctor

—¿Hola Anna, como éstas?

—¿Que te trae por aquí?

—No me he sentido bien doctora. Las manos y los pies se me están inflamando

—Pero lo que más me preocupa, que he subido mucho de peso en comparación de mi primer embarazo; y para completar, la semana pasada me desmayé cuando visitaba a mami en la clínica.

— Recuéstate en la camilla por favor, voy a revisar tu presión arterial.

—Mmmm, no me gusta esto.

 Exclama al tiempo que revisa la lectura del tensiómetro.

—Tú presión arterial está alta.

—Por favor párate en la balanza, quiero revisar tu peso.

Se levanta de la camilla, se dirige a la balanza. Claudia confirma lo que la joven madre venía observando.

—Has subido mucho de peso. Deberías haber aumentado solo un kilogramo por cada mes de embarazo. ¿Estás comiendo mucho?

—No, no para nada. Me cuido con las comidas, por eso me pareció extraño estar subiendo de peso tanto.

—Voy a enviarte unos exámenes de sangre para revisar como estás. Te espero aquí en una semana con los resultados.

Escribió las ordenes de los exámenes que debía realizarse.

Una semana después regresa con los resultados, el diagnóstico fue diabetes gestacional. Deberá estar desde ahora y hasta que termine su embarazo controlando la presión arterial dos veces al día, evitar los alimentos con azúcar, consumir una sola harina en cada comida, además de asistir al control médico todos los meses, para evitar complicaciones con la salud de su bebé.

La diabetes gestacional es la presencia de glicemia alta durante el embarazo en mujeres que antes de la gestación no tenían diabetes (en la mayoría de los casos después del parto vuelve a sus límites normales).

La diabetes gestacional puede conllevar complicaciones como macrosomías (niños excesivamente grandes) y complicaciones en el nacimiento, por lo que es importante controlar los niveles de azúcar. Estas hipotéticas complicaciones se pueden presentar, con niveles de glucosa que fuera de la gestación serían considerados normales. Con su salud bajo control; los padres se encargan de preparar a Felipe para la llegada de su hermanito; le hacen saber que el bebé sería su regalo de navidad.

El día de Navidad llegó, Harry esperaba ansioso su regalo, pero no llegó ese día. Así que unos días después al levantarse.

— ¿Elita, mami dónde está?

—mami y papi están en la clínica.

Respondió su abuelita.

—¿Por qué?

—Tu hermanito llegó hoy.

El rostro de aquel pequeñito se iluminó de felicidad, los ojos almendrados del pequeño brillaron con más intensidad.

—Yupiii.

Exclamó y se levantó con energía. Aquel día; como nunca antes, había estado listo muy rápido para ir a la clínica con su abuelita.

A llegar a la clínica el pequeño está muy callado; eso no era normal en él. Quien sabe cuántas preguntas cruzarían por su cabecita en esos momentos. Llegan al tercer piso, la puerta del elevador se abre e inmediatamente después de salir del elevador.

—¿Dónde es elita?

— Es la puerta que está al final del pasillo cariño.

El pequeño corre para llegar más rápido, entra de repente en la habitación; estaba ansioso por conocer a su hermano. Se acercó tímidamente a la cuna que estaba junto a la cama de mamá; eran tantas sus ganas de conocer su hermano, que se olvidó de sus padres cuando llegó. Caminó hacia la cuna, y de pie junto a ella; apoyándose en la puntita de los pies miró su hermano por un largo rato sin decir nada. Los padres lo contemplaban en silencio. Luego de unos minutos preguntó:

—¿Por qué es tan chiquito?

—Todos los bebés nacen así de pequeños.

Le respondió su papá.

— ¿Yo también era así?

—Si, tú también eras así.

No hubo más preguntas, solo siguió contemplándolo casi sin parpadear, y tal vez preguntándose muchas cosas. .

Un par de semanas después del nacimiento del bebé, Felipe estaba sentado junto a la cuna de su hermanito, lo veía dormir.

—Mami, ¿para qué sirve un bebé así de

chiquito?

Anna se sonrió.

—¿Por qué dices que para qué sirve?

—Es que yo creía que podía jugar, pero no.

—El solo duerme y come. No sirve para jugar.

— Tienes que esperar a que crezca.

—¡Mmm, y eso se va a demorar; ¿cierto?

—No tanto hijo.

Cuando Edward tenía dos meses contrajo bronquiolitis; esta es una infección respiratoria aguda que afecta a los niños menores de 24 meses y se caracteriza por dificultad respiratoria además de los ruidos en el pulmón. Requería consulta especializada que no estaba cubierta por su plan de salud.

Lo que significó gastos extras que no estaban contemplados. Los dos niños tenían como antecedente médico que el padre había sufrido de asma en la infancia, y ellos heredaron esa predisposición.

El mundo de esta pareja eran sus hijos. Vivían para ellos y por ellos; sin tiempo para nada más. Procuran distribuir el tiempo entre el trabajo, la casa y sus hijos.

Dos años más tarde un retraso el ciclo menstrual los

hace sospechar que está embarazada de nuevo; y en efecto unos días más tarde lo confirma, con un test de embarazo en sangre. Un nuevo integrante en la familia está confirmado.

La nueva noticia los tomó por sorpresa; no estaban preparados para este nuevo bebé; pero de la misma manera como amaban Edward y Felipe amaron a su nuevo bebé desde que se enteraron que sería el nuevo integrante.

Éste nuevo embarazo inicia con algunas complicaciones. La madre empieza a tener tos desde los primeros días, cada vez más intensa; se hace necesario estar en controles médicos más frecuentes.

En la consulta.

—No me gusta esa tos, voy a remitirte con un neumólogo para que te revise.

—Yo hago lo que sea doctora, estoy cansada de toser todo el tiempo. Imagínese, que algunas veces de repente las personas se acercan a sugerirme remedios para tos; siento que les preocupa el verme con tanta tos.

—Si claro, me imagino que así es.

Unos días después visita el neumólogo con los resultados de los exámenes que le fueron ordenados.

—La tos que tienes no es de origen bacteriano, así que queda descartada una infección de tipo respiratorio.

—Tu radiografía se ve bien.; pero tus exámenes de sangre muestran un cuadro de alergia. Nunca había visto algo así, voy a manejar los síntomas que tienes para que no se vuelvan más intensos y tu embarazo pueda continuar bien.

Sobre el octavo mes el cuadro de tos se complicó, Anna debió ser hospitalizada, perdía peso cada semana; la tos no le permitía comer. Después de casi dos semanas en la clínica, mejora un poco y regresa a casa; logra completar el embarazo, aunque la tos solo paró ocho días después que el bebé nació.

La próxima llegada, los obliga a realizar algunos ajustes para reducir los gastos y deciden mudarse a un apartamento más económico y un poco más pequeño.

La primera noche en el nuevo hogar, con las cosas aún revueltas por la reciente mudanza, cansados por la actividad del día.

—¿Estás dormido?

—¡Ha!, lo estaba; estoy cansado. ¿qué pasa?

—Creo que ya es hora

—¿Hora de qué?

— El bebé va a nacer.

—¿Estás segura?

—Si, absolutamente. Es mi tercer hijo.

—Está bien vamos.

—Y los niños; no los podemos dejarlos solos.

—No te preocupes, yo había hablado con Isabel la semana pasada, ella me dijo que le avisara cuando fuera el momento, y nos ayudaba. Voy a llamarla ya.

—¡Que bien¡; estaba preocupada por eso. Voy a llamar a mamá para avisarle también.

Se dirige al teléfono para llamar.

—Mami, que pena despertarte a esta hora, vamos para la clínica. Ya está por nacer el bebé.

— Okay, yo me arreglo y te veo allá hija.

— ¿Y los niños?

—No te preocupes mami, los va a cuidar una amiga mientras amanece. Ya la llamamos.

—A bueno. En la mañana temprano, yo me

voy para allá y los cuido antes que los niños se despierten.

—Gracias mami, te quiero.

—Yo a ti hija.

Después de la media noche, entre la luz de los relámpagos y el sonar de los truenos que se dejan ver en los amplios ventanales de la clínica; el llanto del bebé anuncia su llegada.

Una carita de piel blanca como la nieve, ojos verdes y un fino cabello tejido en hebras doradas asoman de entre la manta azul que la doctora sostenía, al cruzar la puerta del quirófano, para ser presentado a sus familiares que lo esperaban ansiosos, en la sala de espera; de esa noche lluviosa.

Los niños acogieron muy bien a su nuevo hermanito; se desvivían en atenciones para él, procurando ayudar a mamá con las cosas del bebé. Todos eran muy felices.

Los padres nunca se imaginaron cuando se casaron, que tendrían tres hijos. En verdad, nunca planearon cuantos hijos querían y podían tener según sus ingresos.

Cada bebé los obligó a reducir más sus gastos y realizar algunos ajustes como: mudarse a un apartamento más pequeño, no comidas fuera de casa, pocas salidas recreativas y casi nunca vacaciones.

La ventaja de tener tres hijos varones era que uno heredaba las cosas del otro; eso de alguna manera representaba un ahorro.

Afortunadamente los dos padres trabajaban, entre los dos cubrían las necesidades de la casa y sus hijos. También contaban con la ayuda económica de la madre de Anna, ella nunca los desamparó. Algunas limitaciones se notaron más, cuando los niños crecieron; con gastos nuevos como colegios, loncheras, libros, cuotas escolares, transportes y muchas cosas más.

El aprendizaje de esta situación es que la crianza de un hijo durante los primeros 20 años de su vida es quizá la inversión más grande que los padres deban hacer. Así que deben tener en cuenta, que esta inversión está integrada por temas como: educación, salud, entretenimiento, vestuario y alimentación.

Es por esto que los ahorros y los ingresos son determinantes a la hora de hacer cuentas, y deben contemplarse al planear tener un hijo. Al tratarse de unos costos tan elevados; las finanzas pueden llegar a tambalear, y usted como padre debe saber lo que trae consigo un hijo y estar preparado.

Queremos lo mejor para los hijos, por ende, debemos prepararnos para poder darles lo mejor, sin que fallezcamos en el proceso. Si estamos preparados; las cosas serán más fáciles.

# CAPÍTULO TRES

## LECCIÓN 3

### Novios por siempre

---

*Nos sumergimos en el matrimonio como institución y nos olvidamos que el amor es lo más importante. Vivir en pareja no es cuestión de magia ni de suerte. Es un arte.*

*El amor es el fruto de un proceso de mutuo conocimiento, transformación y aceptación que requiere una continua retroalimentación.*

El tiempo de calidad es la clave para permitirse seguir siendo novios; sin duda este uno de esos tópicos que deberían hablarse antes de empezar la vida juntos. Probablemente los dos tienen trabajos que los mantienen ocupados la mayor parte del día, además de amistades, y compromisos que deben atender, etc.

Meditar, hablar y planear las actividades que les gustaría hacer juntos les ayudará a no caer en la odiada rutina.

Anna y Carlos llevan casados 15 años. Son una familia unida pero desafortunadamente desde el inicio de su matrimonio, la situación económica ha sido ajustada; su tiempo lo distribuyen entre el trabajo y sus hijos. Pero se han olvidaron de tomar tiempo para los dos.

A medida que sus hijos fueron creciendo se vieron comprometidos con más obligaciones, los gastos aumentaron, y ahora tienen un crédito hipotecario del apartamento donde viven.

Un día en la cotidianidad después de quince **años de matrimonio.**

—Buenos días.

Entre las cobijas él empieza a estirarse.

—¿Qué horas son? — Preguntó afanado.

—Las siete de la mañana.

—¿Por qué? —Preguntó con curiosidad su

esposa.

—Es tarde, tengo que estar en la oficina antes de las ocho.

Se levanta afanado y con el ceño fruncido

—No sé por qué mi alarma no sonó.

—Si sonó; pero tú la apagaste.

—¿Y porque no me despertó?

Preguntó él, con tono molesto.

—Pensé que no era importante; usted mismo la apagó y continúo durmiendo.

—Y yo lo vi tan dormido, que me dio pena levantarlo.

—No sea tonta; si puse mi alarma era por que debía estar listo temprano. Ahora voy a llegar tarde por su culpa. —Contestó enojado y se dirigió al baño.

Ella en silencio, se marchó a la cocina a terminar de preparar el desayuno. Cuanto le habían dolido aquellas palabras; sin que la hubiese golpeado, la había lastimado en el alma.

No era lo que le dijo; sino el tono en que lo dijo, lo que la lastimó. Situaciones como esta se hacían cada vez más frecuentes entre ellos; pasaban de repente, sin ser conscientes del daño que se hacían.

Mientras tanto él toma una ducha rápida por la premura del tiempo, cierra la llave estira la mano para alcanzar la toalla blanca que colgaba cerca, desliza la toalla rápidamente en su cuerpo, algunas gotas de agua escurren aún por su espalda. Ya no era el cuerpo trabajado en el gimnasio, las horas en el gimnasio habían terminado cuando se casaron.

Ajusta la toalla a su cintura se dirige al closet; no tiene tiempo para detalles, se viste presuroso, y sale molesto sin despedirse. Deja servido el desayuno que su esposa le había preparado; desde la pequeña ventana de la cocina que deja ver la puerta del apartamento ella lo ve salir afanado.

Se habían vuelto incapaces de controlar sus sentimientos por el cansancio y la rutina de sus obligaciones diarias, y eso los incomodaba.

Él ahora es irritable, disperso, desafiante y grosero para responder cuando está en casa.

Ella prefería no darle importancia, olvidándose de los malos ratos.

Aquel día; ella termina de preparar el almuerzo, para dejar todo listo antes de salir al trabajo, como todos los días.

Al llegar la noche; desde la cocina, escucha como él introduce la llave en la cerradura de la puerta. Los niños estaban en el comedor, lo saludan; les responde sin efu-sividad, su rostro deja ver el cansancio; camina derecho a la habitación, ignorando a su esposa que preparaba la cena en la cocina.

Al Terminar de cenar, Anna organiza la cocina y él ayuda a recoger los platos; se cruzan por instantes en la cocina, pero ninguno dice nada; solo silencio.

Carlos se dirige a la habitación, enciende el televisor y se recuesta a ver sus programas favoritos que inician con las noticias. Ella mientras tanto en el comedor, ayuda y revisa las tareas de sus hijos. Matemáticas, inglés, español, la misma rutina de cada noche. Se siente cansada pero no hay tiempo para el cansancio.

Son las diez y media de la noche, las tareas están termi-nadas y los chicos listos para descansar.

—Que duerman, hijos, no olviden sus oraciones.

Les recuerda.

Desde sus habitaciones y casi al unísono responden.

—Hasta mañana mami, hasta mañana papi.

Cansada, entra en la habitación; Su esposo está dormido y el televisor encendido. Lo mira en silencio tratando de encontrar el hombre del que se había enamorado. Se pregunta en silencio —¿Dónde está el hombre que yo conocía? —, suspira profundo, y apaga el televisor.

Entre las cobijas y con la luz apagada, acostada en el lado derecho de la cama y mirando la espalda de su esposo, se da cuenta que eso lo más cerca que está de él, desde hace unos meses. Se siente sola; aunque viven juntos y duermen en la misma cama.

Por minutos la invade la tristeza, Las lágrimas empiezan a recorrer sus mejillas, luego de un par de minutos, un profundo suspiro la devolvió a la realidad; recordándole que debía programar la alarma para las cuatro y media de la mañana.

El reflejo de la luna atreves de la ventana de la habitación en penumbra; deja ver dos siluetas, una a cada lado de la cama, entre ellos la distancia de dos seres que se amaban, pero la rutina los estaba alejando. Sus vidas se habían llenado de silencios y ninguno se atrevía a hablar. Olvidaron como hacerlo. Ya no estaba en sus memorias las largas horas que pasaron hablando cuando eran novios.

La sexualidad se afecta por factores externos que se presentan en la relación; el estrés, los problemas, la rabia, el cansancio, la monotonía, el resentimiento, el aumento de peso, la edad, la falta de tiempo, los problemas en el trabajo, las responsabilidades con los hijos y la casa, además de algunas enfermedades; todo esto termina llevando la pareja al distanciamiento de las relaciones sexuales por generar apatía y poca predisposición.

Lo más importante es no esperar que la sexualidad y el deseo de la pareja estable funcione solo como ocurre en esos primeros inicios en los que las hormonas, la novedad y el maravilloso enamoramiento lo resuelven todo.

El 80% de las parejas que se casan se les olvida cual fue el propósito que los unió. Se sumergen en las obligaciones del trabajo, la familia; volviéndose presas de la rutina y el agotamiento del día a día.

La relación de pareja debe permitirse momentos juntos que les ayude a fortalecer el amor alejándolos de la rutina.

El peor error en el que caen las parejas es que dejan de hacer juntos las cosas que solían hacer cuando eran novios: ir al cine, caminar de la mano, bailar, ir a cenar, ver juntos la televisión, jugar parqués, sorprenderse uno al otro, además de alagarse mutuamente cuando la circunstancia lo amerite.

No se requiere de planes costosos, se necesita solo pasar tiempo de calidad juntos, centrando su atención en los dos; olvidar que el resto del mundo existe cuando comparten tiempo juntos, eso también hace bien. Estás cosas permiten con certeza abonar la relación alejándolos de la rutina.

Parece ser que el matrimonio para casi todos es una cierta garantía de pertenencia sobre cada uno, que se torna en un cierto desinterés por la pareja.

¿Es acaso que el casarse y la convivencia puede llevar a un desenamoramiento? La respuesta es no. El matrimonio no está destinado a fracasar, pero lo que sí es claro es que todo depende de nosotros. Para evitarlo no deberíamos sentir que por el hecho de casarnos nuestra pareja ya nos pertenece; y por ser así no hay necesidad de más detalles. Por el contrario, los detalles deben mantenerse. Ellos curan lo que la convivencia y la rutina mata.

Nos esforzamos por mantener el matrimonio como institución, y no en mantener el amor que en verdad es la materia prima del matrimonio.

Dejar de crear cada día solo nos lleva a la rutina, la rutina al aburrimiento y este nos conduce al profundo precipicio del desenamoramiento.

Así como el amor se construye poco a poco, con detalles, persistencia, elogios, consideración, ayuda, alegría y diversión; también se empieza debilitar cuando todo esto se ausenta. Llega la rutina acompañada de la desconsideración, las quejas, el desinterés, la falta de respeto, la ausencia de tiempo, las mentiras y por último la pérdida de la confianza. Llegar a este punto significa haber perdido la oportunidad de ser siempre felices.

Así que sentirnos tan seguros de que el otro nos pertenece es la primera etapa del abandono; no olvides que nada es seguro. Garantizar la seguridad será solamente el producto de construir, cuidar, y mantener el sentimiento que los unió vivo; alimentándolo todos los días, sin que importe el tiempo, el cansancio o los malos tiempos que pueda surgir con el paso de los años.

Osho el famoso gurú indio dice: "creemos que el matrimonio es suficiente". No lo es. El matrimonio es solo el inicio; es como una semilla que necesita ser cuidada, abonada y fertilizada siempre, para así protegerla de los malos tiempos y permitir que siga dando fruto por siempre mientras viva.

Anna nunca volvió a recibir aquellas ensaladas sorpresas con las que **él la** conquistó al comienzo. Cada trozo de aquellas frutas había alimentado poco a

poco el amor que fue creciendo entre ellos. Ella sin embargo seguía alimentando los detalles, pero él no los notaba; el amor se había muerto.

Después de casados muchas cosas empezaron a estar ausentes poco a poco, con el paso de los años se despojaron uno al otro de todos sus encantos, esos que se habían adjudicado cuando se enamoraron, ahora asumían que se conocían por completo, no había nada nuevo por descubrir de su pareja; se habían vuelto completamente predecibles uno para el otro.

Cuanto más convives con alguien; cuanto más lo conoces y te conoce, mayor es el despliegue de todo lo que no te gusta.

# CAPÍTULO CUARTO
## LECCIÓN 4

**Buenas finanzas en el hogar hacen la diferencia**

---

*Las finanzas personales tienen los mismos principios que las finanzas en hogar. Recordar que no se trata de la cantidad que ganamos sino de la que ahorramos e invertimos bien, hará la diferencia.*

Sin duda alguna éste es uno de los temas más complejos e incómodos que deberás tratar antes de la boda. ¿Cómo dividirán el sueldo de ambos?, ¿cómo se repartirán los gastos?; por fortuna hoy por hoy los dos trabajan, esto ayuda a que haya más ingresos; permitiendo que las finanzas puedan ser más fáciles, siempre que las manejen bien. Considero que la herramienta más sencilla en el proceso de organizar y planear las finanzas es tener un presupuesto; este será la plataforma que los ayudará a cumplir con las obligaciones, y ahorrar para metas futuras, permitiéndoles tener una mejor gestión de las finanzas familiares.

Empezar nunca ha sido fácil, pero el iniciar una familia sin ningún plan hace las cosas más difíciles.

Nuestros protagonistas se casaron, pero nunca planearon el futuro económico de la familia que querían formar.

El despertar en la realidad de un matrimonio con todas las obligaciones que trae impresas; no debería suceder; por esto es necesario tener en cuenta de una forma seria, y organizada las futuras finanzas antes de casarse.

Anna y Carlos se equivocaron en el manejo de sus finanzas familiares; aunque nunca tuvieron gastos excesivos, tampoco contaron con un presupuesto familiar que les permitiera tener un panorama más claro de sus ingresos y gastos; en especial el proyectar su vida financiera para el futuro.

Hacer este tipo de análisis para plantearlos en un presupuesto, permite evaluar el origen de los gastos, y ver de manera objetiva cuales se pueden reducir o ajustar al presupuesto; lo más importante es cuando en el proceso de la planeación del presupuesto familiar, realizamos un seguimiento detallado a nuestros gastos diarios por un mes; registrándolos uno a uno, esto permite que se den cuenta de los gastos hormiga que pueden tener cada uno sin que hayan sido notorios. Los gastos hormiga son esos pequeños consumos diarios que se realizan casi inadvertidamente, y que al final del día parecen que no afectan en nada sus finanzas. Sin embargo, si realizan el ejercicio de sumar ese consumo diario y los trasladan a períodos de tiempo más largos, podrán evidenciar que ha gastado una gran cantidad de dinero, que pudo haberse establecido un buen ahorro con esos recursos.

Cuando los hijos de esta pareja crecieron, los gastos aumentaron; la frágil economía familiar se vio más ajustada. Las consecuencias se hicieron ver, en retrasos de los pagos del colegio, cortes en los servicios públicos por falta de pago, además de otra serie de eventualidades que suelen aparecer cuando se está mal económicamente; pareciera que las malas situaciones atrajeran otras.

Bueno, pero ellos no siempre estuvieron mal; durante algunos años sus ingresos aumentaron, pero sus gastos también. Esto suele pasar en muchas familias que ganar más significa poder gastar más.

De sus buenos tiempos no ahorraron, mucho menos pensaron en un plan de inversión que se ajustara a ellos.

Unos años después, surgió para ellos la oportunidad de ver realizado el sueño de una vivienda propia.

Carlos llega a casa muy feliz, a la hora del almuerzo; busca su esposa afanosamente; su cara dibujaba la alegría que sentía de poder hacer realidad lo que por años había sido un gran sueño para los dos, bueno no solo para ellos, para toda la familia.

—Amor mira que mi hermana, compró un apartamento hace un par de meses. Hoy me dijo; que, si nosotros queríamos, ella nos cedía la deuda del apartamento, y nosotros la continuáramos pagando.

—¿El dinero que ella pagó ya; cómo lo pagaremos?

—Me dijo que nos daba plazo para pagarle, además las cuotas del banco no están altas.

—Mmm, suena bien. Pero creo que es mejor pasar el crédito a nuestro nombre, para que así la hipoteca quede a nombre de nosotros.

—No, eso no es necesario. Con mi hermana no hay problema y así nosotros nos evitamos los gastos de la escritura otra vez. No te preocupes por eso, confía en mí.

—Insisto, creo que sería mejor que este a nombre de nosotros. Al fin y al cabo, nosotros vamos a ser los responsables de la deuda.

—Yo sé lo que hago; no te preocupes por

eso, créeme.

—Está bien, espero que no tengamos problemas con eso.

Continuaron pagando la hipoteca del apartamento por casi catorce años. Al terminar los pagos deciden diligenciar la deshipoteca del apartamento.

**En el banco**

—Podría por favor informarnos los requisitos para poder deshipotecar un apartamento.

—¿Cuál es el número de la escritura del apartamento?

Entrega el número de la escritura para que el funcionario verifique la información. Después de unos minutos de espera le entregan en un papel impreso la información.

—Deben reunir los documentos que aparecen en esta lista, tráiganlos aquí para radicarlos, así se iniciará el proceso de deshipoteca.

En el apartamento los dos revisan la lista de los documentos que deben reunir; se distribuyen los documentos para que cada uno gestione lo que corresponda a fin de reunirlos en el menor tiempo posible.

Una semana después Anna solicita al banco una certificación que muestre que la deuda ha sido cancelada.

—Señora, es imposible darle la certificación que nos pide el apartamento tiene una
prenda de garantía por una deuda de la
señora Frida quien figura como titular de
deuda hipotecaria.

Esto era increíble, su cuñada tenía una deuda por una
tarjeta de crédito desde hacía ocho años; el banco tomó
como prenda para el pago de la deuda el apartamento
de ellos. La deuda ascendía a la cuarta parte del valor del
apartamento.

Finalmente, frustrada, con rabia y un fuerte dolor de
cabeza regresa al apartamento. En el camino revive en
su mente la escena de catorce años atrás cuando le había
dicho a su esposo que era mejor pasar la hipoteca a
nombre de ellos para no dejarla a nombre de su cuñada.
No era justo que fueran ellos quienes tuvieran que cu-
brir la deuda.

En casa discuten, ella le recuerda lo que años atrás le
había dicho con respecto a la hipoteca.

—No te preocupes. Yo hablo con mi hermana, verás que eso se soluciona fácil.

—Ojalá sea así.

Esa misma semana él habló con su hermana.

—Eso no es culpa mía Carlos, por qué no
pasaron el crédito a nombre de ustedes,
yo no tengo dinero para pagar eso. Miren

a ver ustedes como hacen. Ese no es mi problema.

Molesto se marcha. El no esperaba que su hermana tuviera esa actitud tan desinteresada por el problema que ella misma había causado. Al fin y al cabo, él era su hermano. Por instantes recordó las palabras de su esposa cuando años atrás le dijo que era mejor pasar la hipoteca a nombre de ellos.

En casa una nueva discusión se genera.

—Te lo dije

—¿Y no que con su hermana no había ningún problema?

—¿Ahora qué?, nos toca pagar lo que ella gastó. Bonito así.

—Precisamente ahora que usted no tiene trabajo desde hace rato. No es justo que nos toque seguir pagando eso.

Unos días después de aquella discusión Anna habla con el esposo de Frida esperando encontrar en él alguna ayuda. "Al fin y al cabo esa deuda era de ellos".

La respuesta fue la misma.

— Ese no es problema de nosotros Anna.

—Miren a ver que hacen ustedes.

Nuevamente se ven sumergidos en una nueva deuda que ni siquiera era de ellos.

Ahora debían concentrarse en buscar soluciones, no solo lamentarse por lo que estaba pasando; definitivamente fue un nuevo aprendizaje para sus vidas.

Lo único seguro era, que su querían tener el apartamento que habían pagado con tanto esfuerzo; tendrían que pagar la nueva deuda. En busca de soluciones consultan un abogado; con su ayuda logran negociar la deuda con el banco.

El banco les condonó los intereses, pero deben asumir el capital. Con esfuerzo reúnen el dinero para pagar la deuda.

De esta circunstancia aprendió. "Nunca se debe confiar a otros los aspectos financieros propios. Es necesario tener siempre el control."

De alguna manera todos deberíamos aprender de educación financiera si queremos procurarnos un mejor futuro, y finanzas familiares más sanas.

Cuando sus hijos terminaron la etapa escolar; los padres se enfrentaron a otra realidad que no habían contemplado. Se vieron de brazos cruzados frente al real panorama de los altos costos de las universidades sin ningún ahorro.

La única opción era tomar un crédito universitario, con altas tasas de intereses mensuales; con esa figura en la que solo pagaban el 40% durante el tiempo del estudio y el 60% una vez el estudiante termina la carrera universitaria; sumado a esto claro está, el interés compuesto que se genera durante todo el tiempo del crédito. Casi equivalía a un crédito hipotecario solo que las tasas de interés eran más altas. Sin embargo, se convirtió en la única oportunidad de pagar los estudios universitarios de los hijos.

Las lecciones aprendidas son las mismas que hoy siguen aprendiendo las parejas jóvenes que quieren ser siempre felices y están recién casados. Con la gran diferencia que hoy las parejas cuentan con mayores posibilidades de educación académica que antes en algunos casos. Este es el circulo vicioso que parece repetirse siempre; cuando inician se mudan a pequeños apartamentos rentados. Estando allí, descubren que están ahorrando un poco, y compran muebles bonitos a su gusto. Luego de un tiempo se sienten que no hay espacio entonces deben mudarse o tal vez invertir en su propio apartamento, tienen hijos; pero por fortuna los dos trabajan, hay dos sueldos, y a medida que los ingresos aumentan también aumentan los gastos.

Tarjetas de crédito, viajes, televisor más moderno, ropa de marca, planes de celulares altos con muchos minutos, plan de televisión con más de 100 canales (aunque solo vean los mismos 10 de siempre), un carro que vaya de acuerdo al estilo de vida, salidas al restaurante, reuniones con amigos, en fin. Así poco a poco nosotros mismos nos sumergimos en "la carrera de la supervivencia".

Toda una vida en el mismo ciclo de tratar de ganar más, e inconscientemente gastar más; hasta envejecernos y tal vez pensionarnos, solo que el nivel de ingresos será menor al que estábamos acostumbrados. Sin ahorros e inversiones que nos brinden algún ingreso adicional para cuando ya no podemos trabajar; y en el momento en que la vida se nos vuelve más costosa; porque no podemos comer las mismas cosas, o porque los años traen enfermedades y pérdida de habilidades que requieren tratamiento adicional que los sistemas de salud que pagamos no cubren. Esto es lo que yo llamo **la carrera de la supervivencia.**

Volviendo a la joven pareja de hoy, ahora veremos que, como sus ingresos se incrementan, deciden comprar la casa que han soñado. Cuando están en ella los impuestos son más altos, los servicios son más altos, requieren un nuevo mobiliario acorde con la nueva casa; llega un bebé que incrementa los gastos y será necesario trabajar más.

Hoy en día endeudarse en más fácil que nunca. Las tarjetas de crédito llegan por correo, o las ganas en sorteos en los que nunca te inscribes; o simplemente te las dan en la fila del supermercado para que puedas aprovechar las ofertas. Entonces empiezan con una tarjeta llenándola hasta el tope con pago de cuotas mínimas por mucho tiempo, pero con la más alta tasa de interés mensual. Pero de nuevo para facilitar la vida llega una nueva tarjeta; esta vez la pareja promete no usarla, sino en casos de emergencia; y esas emergencias terminan volviéndose más frecuentes cada día.

De repente la pareja se da cuenta que está sumergida en deudas. Que fácil resulta endeudarse, y que difícil es salir de las deudas. No es imposible; pero si, requiere de mucha disciplina.

Con las nuevas estrategias que ofrecen los bancos ahora, les ofrecerán un préstamo para consolidación de deudas, los convencen como la opción más inteligente que pueden hacer para deshacerse de las deudas de mayor interés; es decir saldar las deudas en tarjetas de crédito. Las tarjetas quedan pagadas con el nuevo crédito; libres de deudas. Ambos respiran aliviados porque las tarjetas están cubiertas. Los pagos mensuales bajan porque extendieron la deuda a más tiempo; posiblemente bajo la tasa de interés mensual, porque los créditos por compras de cartera usualmente ofrecen tasas de interés más baja, pero con un plazo más largo, que el que permite una tarjeta de crédito. Esta opción puede ser lo más inteligente que se puede hacer, si no se incurrieran de nuevo en el uso de las tarjetas de crédito; que habían quedado libres de deuda hasta ahora, para compras que requieran financiación mayor a un mes.

No pretendo decir que las tarjetas de crédito son malas. Por el contrario, el uso adecuado de las tarjetas de crédito brinda beneficios que muchas veces no conocemos, pero que podemos usar a nuestro favor sin tener que pagar por ello porque son gratis. Por ejemplo, algunas tarjetas ofrecen seguros para viajes, te dan indemnizaciones por retrasos en los vuelos o perdidas de equipaje. Otras pueden ofrecerte seguro para los vehículos que rentas, entradas a salas VIP cuando viajes, además con la mayoría de ellas puedes acumular millas para consumirlas en compras, o canjearlas por tiquetes de viajes.

Si pagas el total de tu compra con la tarjeta de crédito a un mes, no te cobran intereses y tienen un plazo de treinta días para pagarla. Entonces compra con tu tarjeta a una sola cuota, pero cuando sepas que cuentas con el dinero en efectivo para pagar el total de la compra, y si no es así no compres.

Cada franquicia tiene beneficios diferentes que es bueno consultar. Lo importante es saberla usar sin caer en gastos innecesarios financiados.

Nunca debemos permitirnos que el ingreso sea equivalente al gasto. Siempre el gasto deberá ser menor al ingreso para permitir ahorrar y realizar buenas inversiones futuras. En esto radica la importancia de un presupuesto familiar. Buscar que los gastos sean menores que los ingresos de cada mes. Analícenlo ajustándolo según las necesidades.

A la hora de hacer el presupuesto familiar tengan en cuenta:

-Los ingresos totales: incluyen salarios, comisiones, bonos, rentas, etc. Súmalos y réstales todos los gastos totales así sabrás cual es el flujo de efectivo con el que quedas cada mes. No se permiten saldos en rojo.

-Los gastos totales incluyen: renta, alimentos, recreación, servicios, educación tarjetas de crédito, créditos varios. Todo lo que signifique sacar dinero por poco que sea.

- El Ahorro que se deben proponer debe ser 5% del total del ingreso antes de descontar los gastos. El propósito de este ahorro es prevención en caso de eventualidades como accidentes o enfermedades.

-Recreación y vacaciones deben ser tenidas en cuenta así que deben contar con un porcentaje, aunque sea pequeño.

-Destinar para Inversión el 10%. Este porcentaje debe ser antes de descontar los gastos, y solo se puede destinar para invertir con el objeto de recibir ingresos pasivos que generen más activos.

Recuerda: No se trata del dinero que ganas, se trata del dinero que ahorras e inviertes bien. Eso podrá sacarlos, de tener que vivir del pago mensual y de la carrera por la supervivencia.

Obsequio: escríbeme a soyvictoriasosa@gmail.com y te enviaré la plantilla para presupuesto que podrás ajustar a tu necesidad.

# CAPÍTULO QUINTO
## LECCIÓN 5

**La buena comunicación clave de una mejor relación**

---

*Los novios pasan horas y horas hablando sin sentir cansancio, hasta les cuesta colgar el teléfono para decir hasta mañana. Pero cuando se casan, dejan de hablar con la misma frecuencia, y no se comunican de la misma manera.*

La forma como se comunica la pareja influye en la armonía del hogar, las fallas en la comunicación conllevan a peleas en la cotidianidad; no se trata de las cosas que decimos, es más la forma como lo decimos, y el momento en que lo decimos, lo que pude generar una respuesta más o menos favorable. El tono de voz, la veracidad, el lugar, el momento, las palabras hasta el lenguaje corporal deben tenerse en cuenta si se quiere lograr una respuesta favorable del interlocutor. Cuando hablamos y actuamos con conciencia aprendemos a tener control de lo que hacemos, decimos y sentimos.

Anna y Carlos no eran la excepción de las parejas enamoradas. Pasaban largas horas hablando por teléfono, en especial cuando Anna estaba de visita en casa de sus padres.

En aquellos días, cuando caía la noche y el teléfono de la casa sonaba, ella corría a contestar. Su corazón le avisaba que era su novio quien llamaba.

—Yo contesto, es para mí.

—¡Hola!

Al otro lado del teléfono desde otra ciudad su novio.

—Hola amor. ¿Cómo estás?

Podían pasar horas y horas al teléfono, tal vez sin decir nada importante, pero si contándose con detalles cada minuto del día.

Todo el tiempo del noviazgo fue igual.; largas horas hablando, no importaba si estaban lejos o cerca hablaban y hablaban.

Las horas les parecían minutos; no sentían el pasar del tiempo.

Sin embargo, pocos años después de estar casados ya no hablaban como antes. Tal vez el estar casados les dio la falsa seguridad de pertenecerse y aquellas largas pláticas se fueron distanciando hasta ausentarse.

Los temas de conversación cambiaron, hablaban de las cosas de la casa y de sus hijos, muy pocas veces hablaban de sus propios trabajos. Con el tiempo sus platicas se fueron volviendo más cortas.

Ya no planeaban el futuro como antes; talvez porque estaban viviendo aquel futuro que soñaron un día; o tal vez por los años fueron trayendo cansancio y pérdida de interés.

Aquella pareja que podía conversar por largas horas sin cansarse, se fue llenando de silencios hasta que la comunicación entre ellos dejó de existir. Ya no hablaban; Pero cuando lo intentaban, las conversaciones terminaban en discusiones y reproches.

Los problemas de comunicación en la pareja son el elemento más importante en los conflictos sentimentales. Es por esto que la comunicación se hace necesaria para la solución los conflictos.

Comunicarse supone hablar, preguntar, escuchar, responder, discutir, asentir y negociar, como parte del proceso de compartir la vida cotidiana; expresar y conocer los pensamientos, reflexiones e interpretaciones sobre cualquier tema. El acuerdo debe ser poder hablar sin enojo, con verdad y sin querer ganar.

Tener la capacidad de escuchar dirigiendo la atención a las necesidades del otro, aumentará la capacidad de comunicarse bien.

Cuando los problemas o los desacuerdos surjan el diálogo debería ser la primera opción para aclarar diferencias.

Las conversaciones casuales se manejan en el día a día, pero los temas importantes que surgen entre los dos deberían hablarse en una cita especial para hablar, con temas específicos, que no permitan que problemas del pasado saboteen el encuentro, sin que existan apuros de tiempo. Así los dos pueden estar vestidos de una mejor actitud; hablar desde la conciencia, no desde el ego, desde la equidad y no del querer ganar, desde la verdad y no desde la mentira. Ten en cuenta que si tienes que mentir para comunicarte no hay amor.

Anna aprendió que los principales aspectos que desencadenan una mala comunicación son:

Mostrarse indiferentes a lo que la pareja quiere comunicar.

Hacer suposiciones de alguna situación, sin preguntar antes.

Sacar los problemas del pasado una y otra vez. En especial cuando ya se asumió el perdón de una situación que debió ser olvidada.

Cortar la comunicación del otro anticipándose a lo que va a decir, porque se asume que ya lo sabes.

Suponer cuales son las intenciones de la pareja con lo que quiere comunicar.

No dar valor a las cosas positivas de los dos y centrarse solo en lo negativo.

No verificar si lo que entendimos es lo que nos querían comunicar.

Evitar la comunicación con la pareja a fin de aclarar situaciones específicas.

Faltar al respeto cuando están hablando.

Dejar que los problemas crezcan sin dialogar.

Usar palabras hirientes y retadoras al hablar.

Incluir terceras personas en un diálogo que debería ser de dos.

No sacar el tiempo suficiente para poder hablar sin interrupciones.

Mentir. El exceso de mentiras que se generan al querer ocultar una vida doble genera mucha tensión e impiden la comunicación, además de generar circunstancias altas de estrés que llegan a afectar la salud.

El tono de voz inadecuado, puede ser un disparador de malas reacciones. No es lo mismo que digas: ¿Qué es lo que pasa?, a que digas: ¿QUÉ ES LO QUE PASA? Pudiste notar la diferencia verdad. El tono adecuado en una conversación difícil, siempre la lleva a un buen fin.

Ofender al otro.

Cuando las cosas no van bien en una relación se pueden sentir. Pero las soluciones a los malos tiempos deben ser parte de un compromiso mutuo. Se puede cambiar si quiere; esa es la clave. Querer cambiar puede significar salvar el matrimonio.

Carlos recogió a Anna en su trabajo.

—Tenemos que hablar. Las cosas no están bien.

Él la mira con rabia por unos segundos, la invitación de su esposa a dialogar lo molestó, no pudo disimularlo; se puso nervioso y su respiración se aceleró.

— ¿Ya va a empezar?

De inmediato sube el volumen de la radio en el auto para evitar escucharla., ella intenta bajar el volumen del radio para poder hablar; pero el coge su mano bruscamente para evitar que baje el volumen.

—Yo no tengo nada de qué hablar con usted.

—Mejor bájese aquí.

Aptitudes como esta no llevan a un buen fin. Por el contrario, son talvez la forma más rápida de caer en el precipicio del que no hay retorno.

La comunicación es una vía de trascendental importancia, no sólo para evidenciar dificultades ínter o intrapersonales sino también como un medio para mejorar las relaciones conyugales.

La comunicación se tornó difícil entre ellos por darse en dos niveles: verbal y no verbal; además porque la interpretación de los mensajes que cada uno recibía del otro, estaba matizada del subjetivismo que cada quien le ponía.

Es importante tener en cuenta que el contenido de la comunicación de las parejas cambia según la época que estén viviendo, es por esto que la comunicación debe ser siempre constante; para evitar caer en reboses de sentimientos negativos que solo los llevan a malas interpretaciones y distanciamientos.

Los proyectos comunes son una valiosa fuente para contrarrestar la rutina, la soledad. La participación conjunta en nuevas y excitantes actividades representa la mejor ruta para mejorar la calidad de las relaciones largas.

La comunicación en pareja es el éxito de una relación y el reto de la pareja es mantenerla y potenciarla para que les ayude a consolidar el amor.

Si algo te molesta, dilo; comparte con tu pareja los pensamientos espinosos que tanto te cuesta exponer a los demás; cumple tus promesas; aprende a distinguir entre el comportamiento aparentemente sospechoso de tu pareja y tu propia **inseguridad**.

Recuerda que las relaciones son como las olas, y se necesitan aprender cómo surcarlas". Todas las relaciones son sacudidas por eventos externos sobre los cuales no tenemos ningún control y es absolutamente necesario aprender a manejarlos si se quiere tener éxito.

# CAPÍTULO SEXTO
## LECCIÓN 6

**No te engañes**

---

*Resulta muy fácil en los comienzos de una relación ilusionarse hasta perder de vista los elementos esenciales como el carácter, y la personalidad de la persona que elegimos para compartir la vida.*

*Desde ese instante empiezan los fracasos.*

En una relación amorosa, el cerebro tiende a desactivar los mecanismos de alerta ante una serie de defectos que comúnmente consideraríamos desagradables en un individuo.

## Amar no nos puede volver ciegos

No podemos permitir vendarnos los ojos en una elección tan importante como es la pareja, y más aún si se tiene como propósito llegar al matrimonio. De cada uno depende, si quiere omitir las cosas que pasan en la relación; con las respectivas familias, y entre los dos. Entonces eres tú quien puede darle un giro al asunto, conéctate contigo, **sé sincero**. En ti, está la respuesta.

Anna se enamoró y perdió la objetividad; lo veía con ojos de amor. Omitió los rasgos de personalidad que no le gustaba de él; algunos de ellos coincidían con el punto de vista que sus padres tenían; pero ella los tapó con un dedo, creyó que con el tiempo cambiaría.

Hoy muchos años después de su divorcio se dio cuenta que no hizo caso a la razón solo se dejó llevar por la ilusión.

Desde la primera cita percibió los problemas de comunicación con Carlos cuando se encontraba expuesto a situaciones especiales. No era normal que un joven enamorado en la primera cita no sea capaz de cruzar una sola palabra con la chica que corteja y se dedicara a dibujar fantasmas en el vidrio panorámico empañado por la luvia.

La disponibilidad para la comunicación es un elemento muy necesario para poder sostener una relación, es más importante el poder mantenerla de forma permeable en momentos de crisis.

Muchas veces dejar pasar en alto, o excusar las cosas que resultan ser tan evidentes a la vista de todos no es un buen inicio. Esas mismas cosas serán las que causen los mayores problemas durante la convivencia y se pueden volver intolerables.

Otro de los aspectos que evidenció en el noviazgo era la facilidad innata de su novio para generar empatía con las mujeres donde quiera que estaba; aunque no le agradaba, lo omitió. Llegó incluso a sentirse orgullosa de ser la elegida. Sin embargo; años después esta habilidad lo llevó a caer en la infidelidad varias veces.

Definitivamente el tiempo que se permitan para conocerse les puede brindar una mayor información de los rasgos de personalidad, costumbres y familia de la pareja, que serán muy importantes y muchas veces influyentes en la relación de los dos.

Las relaciones con la familia política suelen poner a prueba la cohesión de la pareja. Ambos miembros de la pareja deben ponerse de parte del otro miembro, ya que una de las tareas básicas en el matrimonio es establecer un sentido de solidaridad en la relación.

Anna le restó importancia a la estrecha y sobreprotectora relación que él tenía con sus hermanas; pensó que era normal por ser el hijo menor. Cuando los problemas en el matrimonio empezaron su esposo se refugió en sus hermanas y ellas terminaron cubriendo sus infidelidades; Anna buscó ayuda para salvar su matrimonio, pero sus cuñadas le dieron la espalda.

Cuando la familia afecta a la relación de pareja y se cruzan los límites de intimidad de los dos, deben tratar de reconducir la situación para no permitir que afecte la relación.

Es cierto que no te casas con la familia del novio o la novia; pero también es cierto que muchas veces llegan a influir mucho en la relación. Aunque en ocasiones la familia influya en la relación de pareja, no siempre lo hace para mal, de hecho, muchas familias políticas propician un lugar de reflexión en los momentos de crisis.

No se trata de cambiar a las personas sino de conocer, comprender y saber, si lo aceptas y puedes convivir con esa forma de ser; o si definitivamente no encajas allí. Cada familia es diferente, cada relación es un mundo. ¡Ten en cuenta que esa familia también será tu familia!

Tomar tiempo para ir despacio, poder conocer e interactuar lo suficiente con su familia puede resultar en una mejor decisión.

Las mujeres nos ilusionamos en exceso desde las primeras citas, nos entregamos plenamente desde un principio; idealizamos la pareja desde el inicio sin conocerlo mucho.

Un día escuché un concepto de unos de mis hijos. Él decía: "las mujeres son muy breves mami". Le pregunté el ¿Por qué?, me respondió: "las mujeres se enamoran de palabras" No necesitan ver a un hombre; basta con que les hablen bonito y caen rendidas. Pensándolo bien es cierto; las palabras bonitas nos elevan la auto estima, son capaces de hacernos soñar, logrando el efecto que espera el emisor de ellas. Mucho más en aquellos casos en los casos en que hay carencias afectivas y falta de autoestima.

En los tiempos actuales no son necesarias las palabras habladas; la conquista se hace con letras que hacen parte de un mensaje enviado al celular o a las redes sociales que están hoy muy de moda. Inician muchas veces con: ¡Hola! de algún desconocido; o con un par de likes a la fotografía que publicas para iniciar una relación. Muy preocupante esta situación desde mi parecer.

Así que el reto consistirá, en ir poco a poco guiándonos por la brújula sabia de nuestro bienestar emocional interior.

El romance y la pasión son estupendos, pero pueden enmascarar aspectos cruciales sobre la personalidad del otro que deberás tener en cuenta. Por ello, posiciónate frente a tu pareja como un desconocido del que no sabes nada; no disculpes cada hallazgo que no va contigo. Por el contrario, analízalo bien.

Las diferencias que estén presentes al comienzo de una relación se mantendrán latentes durante todo el camino.

Recuerda, **es esencial no engañarse.** Pregúntate si puedes vivir con los defectos que ves de él o ella sin que te afecten directamente. Si tu respuesta es no, ¡corre! Porque no serás feliz.

Recuerda, **es esencial no engañarse.** Pregúntate si puedes vivir con los defectos que ves de él o ella sin que te afecten directamente. Si tu respuesta es no, ¡corre! Porque no serás feliz.

# CAPÍTULO SEPTIMO
## LECCIÓN 7

**La confianza se construye despacio, pero se destruye rápido**

-------------------------------------------------------------------

*Confianza es la seguridad que cada uno tiene en sí mismo y en el otro; se desarrolla y cultiva con el tiempo.*

La confianza no se consigue de la noche a la mañana, pero basta un solo instante para perderla. Las relaciones de pareja surgen desde la confianza, y se mantienen en el tiempo cuando esta se hace más fuerte.

Confiar significa poder creer en tu pareja, tener la certeza de que no engaña, no lastima y que siempre busca el bien común.

Si has decidido recuperar la confianza en caso de haberla perdido debes ser consciente que, aunque desees con ansias tenerla, llevará un largo tiempo y demostraciones importantes. Sé paciente, permite al otro que trabaje durante un cierto tiempo para su recuperación.

Anna confió siempre en su esposo, hasta el día en que

mensajes de texto extraños, con frecuencia regular empezaron a llegar a su celular, llenándola de inquietud. No era fácil saber de dónde provenían aquellos mensajes; solo tenían un código que acompañaba a cada uno.

>—Mira estos mensajes que están llegando a mi celular desde hace unos meses. ¿Qué será?

>—Déjame verlos.

>—Eso no es nada, es una publicidad de la novela nueva que están dando en televisión.

>—Bórralos y ya.

Los borró aquel día, sin embargo, los mensajes seguían llegando con mayor frecuencia.

Con mucha curiosidad por el asunto, decide ver la novela a la que hacía referencia los mensajes que venía recibiendo. Aquella novela trataba de la infidelidad en la vida de una cantante.

Un sábado antes de salir a clase de la especialización que adelantaba, terminaba de arreglar su cabello en el baño; el celular de su esposo se encontraba cargando en la repisa del baño. De repente, se enciende la luz de la pantalla y muestra un mensaje que acaba de llegar.

Con curiosidad toma el celular y revisa el mensaje.

—Hola amor. Un nuevo mensaje entra de inmediato.

—Ya llegué amor, te estoy esperando.

Confundida, sin creer lo que veía, con mil dudas que desfilaban una a una en su cabeza; se preguntó: será un mensaje equivocado. El nuevo mensaje entrante concluye el momento de duda.

—Te amo.

No creía lo que estaba pasando en ese instante de su vida. El último mensaje había sido como en un juego de boliche en el que el jugador derrumba los doce palos del set. Su vida entera se derrumbó en ese instante. Nerviosa, confusa, con rabia y un dolor quemante en el pecho sentía que su corazón se partía en dos. Ese instante pudo sentir que no era cierto lo que años atrás había aprendido en la clase de fisiología; la causa del dolor era un estímulo físico transportado al cerebro por los terminales nerviosos. Ella no experimentó ningún estímulo físico; pero le dolía el corazón, quería morir.

Por un momento pasaron en su mente toda su vida junto a su esposo, todas las promesas hechas años atrás y ahora desechas.

Se recupera unos minutos de aquel fuerte impacto y muestra a su esposo el celular con los mensajes.

—¿Qué significan estos mensajes?

El responde, en una voz profunda que jamás ella había oído.

—Nada, de seguro son una equivocación. Eso no es para mí.

—No se haga películas sola.

—Dame mi celular que tengo que irme.

Le arrebata el celular de las manos y al salir golpea la puerta con fuerza. Fue imposible que los chicos no se dieran cuenta de lo que estaba pasando. Ella hubiera preferido que no se enteraran, pero como podía haberlo evitado.

La rabia, y el dolor se apoderaron de la situación. Ella sabía que él mentía; asoció en ese momento las cosas que habían sucediendo desde muchos meses atrás y que siempre había disculpado: llegadas tardes, las llamadas a escondidas, el cambio de temperamento, el desinterés con la familia, los mensajes que supuestamente eran de una publicidad, las llamadas sospechosas en las que colgaban, las noches en que acotaba tarde por estar en el computador y muchas cosas más.

Por coincidencia, o tal vez planeado; ese día en el que Anna lo descubrió, Carlos tenía un viaje de trabajo programado por dos días, solo que él no esperaba que su doble vida de varios años empezara a desenmascararse ese día.

Anna encontró respuesta a las preguntas que se había hecho desde hacía tiempo. Le costaba trabajo explicarse a sí misma lo que pasaba; cómo podía haber estado tan ciega y disculpar sus cambios en la casa. Cuantas mentiras, y cobardía de sus actos escondidos por los últimos años, especialmente cuando ella se había comprometido con todos los gastos de la  familia desde cuatro años atrás; cuando su esposo había perdido el trabajo.

Ese día la confianza que tenía en su esposo murió. Fue el inicio de la recta final de aquella historia de amor, que a pesar de las dificultades se había sostenido hasta ahora.

Pero ahora, el rencor, el dolor y el daño generado por la infidelidad sumado a la decepción; así como las preguntas del por qué sin respuesta, la posible culpabilidad, el impacto por algo no deseado ni esperado; era la causa de que iniciara un proceso doloroso para los dos.

La única forma de ser una gran pareja es con transparencia. Sin verdad, no puede haber pareja y tu relación es una mentira. No existen mentiras para no hacer daño, no hay mentiras para proteger a alguien; una vida con mentiras es vivir con angustia, miedo y sin plenitud. Es preferible decir la verdad, enfrentar las consecuencias y buscar las soluciones con compromiso de cambio evitando reincidir en las mentiras.

Recuerda siempre lo que dice en San Lucas 8:17 "Porque nada hay oculto, que no halla de ser manifestado; ni escondido, que no haya de ser conocido y de salir a la luz".

Sin importar lo que había pasado ese día, debía ir a clases. La motivación de la especialización que estaba iniciando era su familia; quería una vida más fácil para ellos. Pero desde ese instante su motivación más grande fueron sus hijos. Por ellos tenía que continuar, ellos eran su motor.

Sin fuerzas para ir a clases ese día; los ojos enrojecidos por el llanto, un fuerte dolor de cabeza que la mantenía entre consiente y ausente de su realidad; y el dolor en el corazón acompañado de esa horrible sensación de vacío en su cuerpo. Bajó la escalera que del apartamento conduce al parqueadero, saco la llave del portón, que había puesto en su bolsillo. La puso en la cerradura y la giró dentro de la puerta metálica del estacionamiento, y la empujo para abrirla. Normalmente lo hacía sola pero ese día no tenía suficiente fuerza para abrir aquel portón que parecía pesar más. Por un instante se sintió frustrada; un hombre que pasaba notó su dificultad para abrir la puerta por completo.

— ¡Buenos días¡, disculpe.

—Me permite ayudarla.

Lo duda por unos instantes, pero decide aceptar la ayuda de aquel hombre entrado en años; de estatura media, cabello gris y vestido con sencillez.

—Si gracias. Hoy la puerta pesa más que de costumbre.

—Se ve triste, ¿por qué llora?

—¿Puedo hacer algo por usted?

La voz cálida del hombre, tenía para ella un timbre de familiaridad, por unos minutos la asoció con la voz de su padre, que había fallecido tres meses atrás. Cerró los ojos por un minuto, y deseo con fuerza que él hubiese estado allí; los ojos se le inundaron de lágrimas que no supo contener, y permitió que rodaran por sus mejillas. Se reincorpora en unos minutos.

—No, muchas gracias; estoy bien.

Él sabía que ella albergaba un gran dolor; pero no podía esperar que le contara su tristeza, al fin y al cabo, él era un desconocido para ella.

Una vez lograron abrir puerta del garaje.

—Saque el carro señora, y yo cierro el portón.

—Gracias Señor. Usted es muy amable.

—¿Sabe algo señor? Usted me recordó mi padre.

Sin responder; el hombre dibuja una leve sonrisa de satisfacción en su rostro.

Anna abre la puerta del auto y antes de subir encuentra en el suelo una medalla, la toma en su mano sin detallar la imagen y sube al auto; cierra la puerta del vehículo, enciende el motor y arranca con suavidad. Mientras tanto aquel hombre que había aparecido de repente y de manera amable la ayudó empieza a cerrar el pesado portón. Cuando Anna quiso bajarse a ayudarlo él ya había terminado de cerrar.

Se aproxima a ella y le entrega las llaves; ella

extiende su mano para recibir las llaves y lo mira a los ojos para agradecer su ayuda.

Había tanta dulzura y calidez en la mirada del extraño, que las lágrimas de nuevo inundaron sus ojos.

—"Preocúpate por las cosas que tú puedas cambiar, y aquellas que no puedas cambiar déjelas a Dios y al tiempo". Esas fueron las últimas palabras que el hombre pronunció al entregarle las llaves.

—Gracias, señor. Usted tiene razón.

En el momento de arrancar.

—Señor, señor, ¿Cuál es su nombre?

—Agustín.

Aquel hombre amable que le resultó algo familiar, tenía el mismo nombre de su progenitor. Impresionada por la coincidencia y la familiaridad de la voz; fija su mirada en el espejo retrovisor para seguirlo mientras avanza, pero extrañamente no está allí. Ya no lo vio más. Una cuadra adelante, la luz roja del semáforo la obliga a detenerse y mientras espera el cambio, recordó la medalla que levantó del piso y tenía apretada en su mano. La mira y se da cuenta con gran extrañeza que la imagen en la medalla es de la virgen del Carmen, y se encuentra cruzada por una línea de quiebre que casi la divide en dos. Anna se había casado el día de la virgen del Carmen.

¿Qué significado tenía aquella medalla? o ¿tal vez solo fue solo una coincidencia?

# ACERCA DEL AUTOR

Victoria Sosa P. nace en Colombia.

Es Odontóloga en la Universidad Santo Tomás de Aquino, años después obtuvo el título de especialista en Rehabilitación Oral de la Universidad Santo Tomas.

Realizó estudios diplomados en estética dental con la universidad Javeriana, y de Docencia y Gestión curricular en la Universidad Santo Tomás.

Por doce años se desempeñó como profesora del postgrado de Rehabilitación oral de la Universidad santo Tomás.

Desarrolla su profesión en su clínica privada desde hace varios años.

Amante de la lectura. Su hobby favorito pintar al óleo.

Es esposa y madre.

Goza de capacidad para la comunicación y enfoca su vida en el principio de las decisiones conscientes.

# CONTACTOS CON EL AUTOR

Gracias por interesarte en leer este libro. Si te gustó, o sientes que puede servirle a alguien, por favor, deja tu comentario en Amazon y en mis redes sociales. En verdad lo agradezco.

fvictoriasosa@hotmail.com

@F.VictoriaSosa

@siemprefelices.vs